실버만세

장춘배 수필집

신아출판사

실버만세

장춘배 수필집

책머리에

내가 글이라고 써본 경험은 20대에 군에 징집되어 부대 안 교회에서 전우들과 그림에 글을 넣어 성시화전을 했고 재미로 낙서처럼 쓴 글을 기고寄稿해서 몇 번 전우신문에 실린 적이 있었다. 그로 인해 여군 하사와 자기형부가 육군대위라서 형부 집에서 전우신문을 읽었다는 아가씨의 팬레터fan letter를 받기도 했다. 제대 후 자영업을 하다 보니 책과 거리가 멀어졌고 글을 쓴다는 것은 생각도 못 하고 40여 년을 앞만 보고 달려왔다. 누구든 한평생을 살다보면 소설 같은 많은 일들이 있겠지만 나 또한 그동안 파란만장한 삶을 살아왔다.

칠순의 나이가 다 되어 개미 쳇바퀴 돌 듯한 일상에서 오는 허무와 상실감의 고통에서 벗어나고 자아실현自我實現을 위해 전북대 평생교육원 수필 수요반에 등록을 했다. 3년 동안 김학 교수님 강의를 열심히 들으며 수필공부를 하다가 사정이 있어 중단했다. 그래도 이런 졸작의 글이라도 쓸 수 있었던 것은 나이를 두려워하지 않고 도전했던 수필공부와 어렸을 적 책을 좋아해서 소설, 잡지, 교양서적 만화 등 가리지 않고 읽었던 것이 자양분이 된 듯하다.

칠십 평생 경제적 도구로 발에 땀이 나도록 앞만 보고 달려온 시골 촌노村老라서 책을 낸다는 것을 많이 망설였다. 각박한 세상을 살다 보니 머릿속은 하얗고 감성은 메말라서 펜은 무디어졌다. 그래도 글쓰기에 대한 미련을 버리지 못해 시간 틈틈이 쓴 어쭙잖은 글을 모아 엮었다. 성격 탓으로 미리미리 손질하지 못하고 날짜에 쫓기어 허둥대다보니 흠집 상처투성이다.

여러모로 많이 부족한 졸작拙作들이어서 치부恥部를 드러낸 듯 부끄럽지만 모난 돌이 세찬 물줄기에 뒹굴며 갈고 닦이듯 이제 시작이라는 생각으로 갈고 닦으며 수필의 세계로 나아가련다.

2014년 12월에

장 춘 배

차례

2부 장춘에서 온 편지

3부 산은 옛 산이로되

4부 진짜 사나이

5부 미련 곰탱이

1

가시고기 같은 사랑

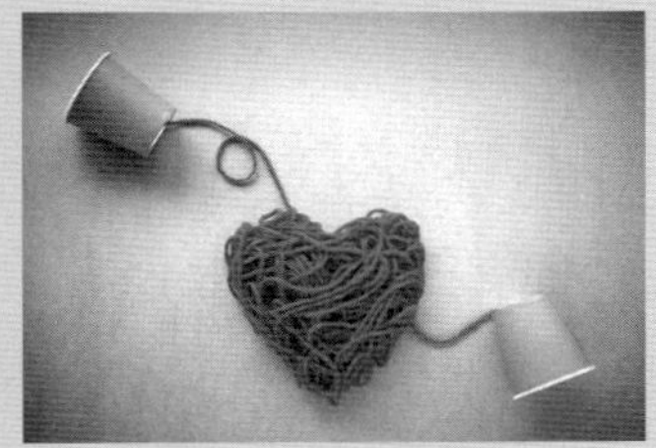

날 보내주오

나는 나무라는 이름으로 태어나서 우리들 동료들처럼 고향에서 자라지 못하고, 인간들에 의해서 분재라는 이름으로 비닐하우스나 온실, 아파트 베란다 등 한정된 공간에서 살아야 했다. 나는 어떤 경로를 통해서 이곳에 오게 되었는지도 잘 모른다. 인간들이 자기들의 욕구를 채우기 위하여 우리를 불법으로 산에서 채취採取하기도 하고 때론 현금을 주고 사가기도 한다. 분재에 관심이 있는 그들은 우리를 자기가 좋아하는 수형으로 만들기 위하여 온갖 수단과 방법을 총동원한다. 우리가 어렸을 때는 이리 비틀고 저리 비틀거나 철선으로 동여매고 수형을 만든다며 자기들 마음대로 멀쩡한 몸통과 가지를 장애로 만들어 버렸다. 때론, 우리들의 지체인 멀쩡한 가지를 잘라 버리고 오래된 나무처럼 보이게 하기 위하여 삭정 가지처럼 싱을 만들기도 하고 몸통마저 몽땅 잘라 버리기도 한다. 잎을 짧게 하기 위해서 탄소동화작용으로 영양소를 만들어 몸 전체에 공급해야 하는 잎마저 따 버리기도 해서 숨이 막혀 죽을 지경이 됐다. 또 키가 크는 꼴을 못 보고 도장지를 잘라 버려 우리를 모두 난장이로 만들어 버리기도 했다. 나의 주인은 그래도 일말의 양심은 있었던지 잘려 나간 상처에 약도 발라주고 영양제도 주며 우리가 병들었을 때 치료도 해주고 수분도 주기적으로 공급해 주었다. 질긴 것이 목숨이라고 했던가? 우리는 살아남기 위해서 열악한 환경 속에서도 끈질긴 생명력으로 싹을 틔우고 몸을 다시 만들기에 안간힘을 다했다. 어느 정도 우리의 몸이 만들어지자 분갈이라는 이름으로 우리의 아픔은 아랑곳하지 않고 뿌리를 잘라내고 가지를 잘라내며 난도질을 해서 다른 화분에 옮겨 심었다. 우리는 새 뿌리를 내리기 위해서 온갖 힘을 다 쏟아야 했다. 인간들은 입으로는 국산품 애용을 외치면서도 우리들에게 외국산 배양토가 뿌리내림이 좋다고 일본산 흙을 쓰기도 한다.

한 치 앞을 못 보는 인구정책으로 둘만 낳아 잘 기르자며 산아제한을 하더니 이제 인구가 줄어들자 출산 장려금까지 지급하니 웃기는 일이 아닐 수 없다. 이와 같이 무계획적인 인간들의 난개발亂開發과 그들의 이윤 추구와 취미활동을 위해 자연을 훼손하며 채취함으로 우리들의 수가 줄어들었다. 우리의 개체수를 늘리기 위한다며 가지를 잘라서 삽목을 해서 뿌리를 내리게 했다. 또 '취목'이라는 이름으로 멀쩡한 우리의 몸 일부분을 뒤틀리고, 해괴하게 생긴 부분을 골라 칼로 껍질을 벗긴 후 수태로 감싸주어 그곳에서 뿌리를 내리게 하는 것이다. 뿌리가 어느 정도 나오면 뿌리가 나온 부분을 잘라서 화분에 옮겨 심어서 짧은 기간에 굵은 소재로 고태미가 나도록 우리를 삽시간에 중늙은이로 만들어 버리기기도 한다. 또 PVC 나 비닐관을 이용, 다리를 길게 자라게 해 나무나 돌에 얹어 심어서 목부작석부작으로 만들기도 한다.

그들은 사람도 예뻐지기 위해서 성형수술을 하고 보톡스 주사를 맞는 등 투자와 그에 상응하는 아픔이 있듯, 분재도 명품으로 만들기 위한 한 과정이라고 항변한다. 인간들의 분재에 대한 기술은 말로 표현할 수 없을 정도로 발달되어서 기기묘묘한 형태로 뿌리까지 뒤틀고 변형시켜서 뿌리분재의 극치의 예술이라며 큰 소리를 친다.

인간들은 변덕이 심해서 한때는 한옥 집을 짓기 위하여 올곧게 자란 소나무를 베어 가더니, 이제는 주 5일제 근무로 시간적 경제적인 여유가 생기자, 전국의 산을 헤집고 다니며 생명을 담보로 해야 하는 절벽까지 가리지 않고 미끈한 미남 미녀 형의 나무는 거들떠보지도 않고, 뒤틀리고 이상하게 장애를 가진 동료들만 사정없이 납치해 갔다. 분재의 소재로 각광을 받는 소사나무, 노간주나무, 소나무 등 희귀식물들이 산에서 많이 사라졌다. 타의에 의해서 강제 이주한 동료들은 우리의 생육에 대한 지식도 없는 인간들의 욕심에 의해 잠시 키워지다가 수없이 죽어갔다. 전에도 산림법으로 규제를 하긴 했지만 우리들이 멸종위기에 놓이자 해도 해도 너무했다 싶었던지 요즘에서야 관심을 가지고 정부에서도 환경법으로 우리들을 보호하고 있다.

한국에 분재가 처음으로 전해진 시기는 삼국시대라고 한다. 중국의 정원 조경으로부터 영향을 받아 백제시대 연못을 이용한 조경을 했다는 설이 있고, 본격적인 분재가 이루어진 시기는 약 600년경 이란다. 일제 강점기, 6.25 전쟁으로 거의 쇠퇴했고 1960년대 이후 경제 성장과 함께 생활수준의 향상과 더불어 취미생활의 일부로 자리잡고 있다. 분재의 종주국으로 행세하는 일본은 세계에서 분재의 모든 것이 가장 발달되었고 분재로 인한 외화획득 또한 엄청 나다고 한다. 꽃 박람회장의 잘 만들어진 향나무 분재가 10억 운운하며, 우리의 주가가 올라가기도 했다. 그러나 우리가 진정으로 원하는 것은 주가 상승도 아니요, 아름다운 분재의 예술적 가치도 아니며 인간들이 좋아하는 수형으로 변신해서, 귀하신 몸으로 만들어 지는 것도 아니다. 예전처럼 아침이슬 맞으며 새들이 노래하고 동물들이 뛰노는 그곳 으로 가고 싶다. 내 고향으로 날 보내주오!

나를 비웃지마

나는 태어날 때부터 슬픈 운명을 안고 태어났다. 엄마 아빠의 이름도 모르고, 부모들의 모습을 본 적도 없다. 우리들이 태어난 뒤 엄마 아빠는 죽기 때문이다. 참게라는 이름도 누가 지었는지 모른다. 인간들이 우리 종족을 통틀어 참게라고 부르니 작명가는 아마 인간 중 한 사람일 것이다. 나는 몸도 가누기 힘든 어릴 때부터 스스로 삶을 개척해야 했다. 엄마의 몸에서 태어난 나의 형제자매가 무려 5만여 마리에 이른다지만, 물고기나 잠자리 유충 등 육식성 곤충들의 먹이사슬이 되고, 살아남는 건 겨우 열 손가락 안에 든다고 한다. 나는 전통적으로 연어의 삶과 같이, 귀소본능歸巢本能을 갖고 있다. 엄마 아빠가 살던 곳을 찾아가기 위해, 고향을 찾아가기 위해 바다에서 어느 정도 자라면 몸을 만들고 만반의 준비를 한다. 이런 우리를 보고 꽃게, 대게, 돌게 등 이웃에 살고 있는 사촌들이 떠나지 말고 넓은 바다에서 같이 살자고 유혹했다. 그러나 선천적으로 귀소본능을 버리지 못하는 우리는 바다의 친구들을 뒤로하고 무리지어 강 상류로 올라갔다, 그러나 예전처럼 엄마 아빠가 다니던 길도 순탄하지가 않았다. 인간들이 개발이라는 미명 아래 물막이 공사와 수문 등을 만들어 놓아 사투를 벌이듯 연약한 몸으로 물과의 전쟁을 치러야 했다. 말없이 유유히 흐르는 강물에서, 유유자적 유영을 즐기는 다른 물고기들의 여유로움은 생각조차 할 수 없고, 오직 엄마 아빠가 살던 고향을 찾아가기 위해 전진을 위한 전진이 있을 뿐이다. 악전고투惡戰苦鬪 끝에 나는 부모님의 고향에 도착해서 동료들과 냇가나 논두렁 물이 흐르는 안전하다 싶은 곳에 토굴식 집을 짓고 정착했다.

어느 정도 안정된 삶을 누리는 나를 보며 똑바로 걷지 않고 옆으로 걷는다고 비아냥 대지만, 나를 포획하려는 적을 피하기 위해서는 옆으로 살금살금 정숙 보행을 해야 한다. 힘차게 내려오는 강 물줄기를 피해 올라가려면, 높은 자세로 똑바로 걷다간 곤두박질을 하고 만다.

낮은 자세로 옆으로 기어가지 않으면 안 된다는 것을 인간들은 모르나보다. 또 나의 눈이 돌출되어 이상하게 생겼다고 깔깔대지만, 수많은 먹이사슬로부터 자신을

지키기 위해서, 철판 갑옷으로 중무장을 하고 두 눈을 부릅뜨고 두 발 집게를 무기 삼아 사주경계를 해야 살아남을 수가 있다.

나는 낮에 이루어지는 인간들의 약육강식弱肉强食, 이전투구泥田鬪狗 등 인간세상의 온갖 추한 꼴들이 보기 싫어 주로 밤에 활동한다. 완벽한 듯한 나에게도 허점이 있다. 1년에 2-3회 허물을 벗어야 할 시기가 제일 위험한 시기다. 물고기나 새가 쪼기만 해도 살이 터져서 죽을 수도 있기 때문이다. 심지어 같은 동족한테 먹힐 수도 있다. 그래서 이 시기에는 죽은 듯 토굴 속에 숨거나 돌 틈이나 풀뿌리 밑에 숨어 갑옷이 단단해질 때까지 근신한다. 그러나 이런 위험한 순간을 무사히 비켜간다 하더라도 나의 무서운 천적은 역시 인간들이다.

"너희가 게 맛을 알아?" 유명 탤런트가 TV광고에서 얘기하듯 언제부터 인간들이 게 맛을 알았는지 옛날부터 임금님께 진상품으로 올려졌다고 한다. 인간들은 나를 밥도둑이라고 누명까지 뒤집어씌우며 '참게장', '참게탕'의 주 재료로 쓴다. 그로 인해 예부터 지금까지 우리 동료들이 수없이 죽어갔다. 이런 감칠맛 때문에 지금도 온갖 수단을 총동원하여 우리를 포획하려고 호시탐탐 노린다. 인간들은 밤을 좋아하는 나의 습성을 알고 밤이면 횃불을 들고 밤을 낮으로 알고 노니는 우리를 잡아 갈 뿐 아니라 다 먹고 난 옥수수깡을 그물과 함께 길게 줄에 매달고 우리의 통로에 놓아 잡기도 한다. 대발을 치고 유인하기도 하고 내가 좋아하는 갈치나 오징어 등을 통발에 넣고 우리를 잡는 등 온갖 지혜를 총동원한다. 긴 철사를 적당한 크기로 자른 뒤 기역자 형으로 구부린 뒤 그 도구를 이용하여 토굴 속에 숨어 있는 우리들을 사정없이 끌어내어 잡아간다. 몸통과 10개의 발로 젖 먹던 힘을 다해 버텨보지만 속수무책이어서 상대가 되지 못한다. 또 풀과 진흙을 섞어 범벅을 만들어 우리의 토굴 입구를 공기가 통하지 않도록 틀어막고 이튿날 아침에 질식해서 입구로 나와 쓰러져 있는 우리를 손쉽게 잡아 가기도 한다. 날카로운 낚시를 사용하는 것은 물론 강한 전류가 흐르는 배터리까지 동원하는 바람에 감전되어 동료들이 기절하기도 했다. 살아남아도 그 후유증으로 몇 개의 발이 떨어져 나가 장애를 안고 평생을 사는 친구도 있다. 더욱 고통스러운 일은 생활하수와 쓰레기, 가축의 사체, 오물투기 각종 공사로 물이 오염되어 눈앞이 흐리고 숨쉬기가 곤란한 일이다. 다행히 새만금방조제 오염을 방지하기 위한 대책으로 수질이 좋아지고는 있지만 아직 만족한 상태는 아니다. 이런저런 이유로 우리 종족이 멸종 위기에 있음을 뒤늦게 인식했는지 개체수를 늘리기 위해서 지자체에서 인공부화를 시켜 어린 새끼들을 강물에 방류하기도 했다. 그와 병행해서 환경법으로 우리를 보호한다고 하지만 잘 지켜지지 않고 있다.

이런 고초를 겪으면서도 우리들은 수초, 썩은 물고기나 곤충, 부유물을 말끔히 먹어 치워 인간들을 위해 물을 깨끗이 정화시킨다. 이렇게 인간들에게 유익을 줄지언정 조금도 해를 끼치지 않는 우리를 왜 무차별 남획하는지 배은망덕背恩忘德한 인간들의 만행을 우리는 거품을 물고 강력히 규탄한다. (2010.4.1.)

울림이 큰 김제동 콘서트

겨울방학 중에 연수교육 중인 딸이 김제동 토크 콘서트 입장권 2장을 예매해 놓았다고 해서 일요일 예배를 마치고 전주로 향했다. 가는 날이 장날이라고 눈보라가 쏟아져서 길이 미끄러워 망설여졌다. 하지만 효도하려는 딸의 갸륵한 마음과 나 같은 시골 사람에겐 만만찮은 액수의 관람료라는 생각이 들어 아내와 함께 빙판 길을 조심스럽게 차를 몰았다. 다행히 많이 내릴 것 같던 눈이 공연장에 도착하자 그쳤다. 콘서트 공연장에는 눈길임에도 많은 사람들이 질서 정연하게 안으로 들어가고 있었다. 공연장은 대학 안에 있는 하얀 천으로 된 희망 홀이었다. 1,500여 좌석이 입추의 여지없이 관객으로 꽉 메워졌다. 관객 대다수는 20~30대 젊은 남녀들이고 효도 관람 차 오게 된 내 또래인 노인들도 간간이 보였다. 딸은 김제동의 열혈 팬인 듯 서울공연 때 서울까지 가서 공연을 보고 왔다고 했다.

요즘 우리의 K팝과 드라마 가요 등의 열풍이 아시아에서 전 세계로 번지고 있다.

한류열풍으로 외국인들이 국내에까지 와서 극성스럽게 자기가 좋아하는 연예인들을 보고 열광하는 것을 보면서 나는 잘 이해하지 못했었다.

김제동은 경상북도 영천 출생이라고 했다. 1남 5녀 중 막내로서 1994년 문선대 사회자가 되었고, 2002년 한국방송 공채 개그맨으로 데뷔했다고 한다. 2007년 방송연예대상 쇼 버라이어티 최우수상을 수상했다. 그 뒤 스타 골든 벨, 환상의 짝꿍, 연예가중계, 여유만만, 예능선수촌 등에서 인기리에 진행을 맡았었다. 이후 이런저런 이유로 여러 방송 프로그램에서 하차했다. 그럼에도 그는 굴하지 않았다. 지난해 32회 크고 작은 공연이 매회 매진됐고 13개 도시에서 열린 대규모 콘서트 역시 매번 매진되었다고 하니 그의 인기는 가히 하늘 높은 줄 모르는 것 같다.

시간이 되어 관객의 열광 속에 김제동의 토크 콘서트 시즌2 노 브레이크가 시작되었다. 유재석과 박명수 등 동료 연예인들의 영상 응원 홍보와 깜짝 출연자로 가수 김장훈이 나와서 노래했고, 김제동 특유의 익살과 재치 넘치는 화술로 관객을 압도해 나갔다.

신장 173센티미터라는 키가 믿어지지 않을 만큼 체구는 왜소해 보였지만, 안경 너머로 번득이는 재치와 결연한 의지가 엿보였다. 결코

미남이라고 할 수 없는 작은 눈, 안경을 벗은 모습이 더 익살스러웠다.

김제동 시사풍자 어록, 이 나라의 주인은 우리들 국민이며, 태어날 때부터 VIP 로 태어나는 사람은 없다고 했다. 그래서 평등한 사회를 표방하며 김제동 콘서트 관람석은 VIP석이 없고 모두 똑같은 일반석이라고 했다. 익살과 계획된 대담 즉흥 멘트로 3시간여의 겁 없는 그의 공연이 지루한 줄 모르고 이어졌다.

김제동, 그는 정말 사람 냄새가 나는 용기 있는 멋진 청년이었다. 어떤 정치세력에도 굴하지 않고 이렇게 자신의 소신을 당당하게 속 시원히 말할 수 있는 용기 있는 젊은이들이 있어 우리는 속이 후련하고 즐겁다. 이런 젊은이들이 있어서 대한민국의 미래는 밝다.

암울했던 5공화국시절 탤런트 P씨는 정치 지도자와 닮았다는 이유로 모든 연예활동을 중지당하는 설움을 당했고, 정권이 바뀔 때마다 연예인과 많은 사람들이 정권의 반대 입장에 있거나 생각이 다르다고 해서 원치 않는 통제나 불이익을 당하기도 했었다. 또 보복성 수사로 정치인 및 대통령이나 그 아들 측근들이 감옥에 가기도 하는 등 악순환이 계속되었다. 정경유착 지역 차별로 인해서 소외되거나 지역 간 불균형 소득격차가 벌어지기도 했다.

걸핏하면 정치인들은 상생과 소통하는 사회실현을 입으로 강조 하지만 현실은 그렇지 못하다. 진정한 상생은 어떤 삶이며 원활한 소통은 어떤 것인가?

내가 아닌 우리라는 공동체 안에서 공익성을 존중하고 남의 말을 경청하고 존중해야 한다. 또 선의의 경쟁으로 새로움을 추구하며, 함께 어우러지는 밝은 사회가 상생과 소통의 사회다.

세계 최강대국 미국을 물리치고 통일베트남을 건설한 호치민은 항상 《목민심서》를 탐독하며 청렴결백한 삶을 살아서 온 국민으로부터 영웅으로 추앙받고 있다.

다음 총선과 대선에는 상생과 소통을 실천하는 깨끗한 정치 지도자가 나와서 모든 국민이 사회 통합을 이루고, 보복이 없는 원칙이 통하는 그런 날이 속히 오기를 간절한 마음으로 기대해 본다.

웃음

성인은 하루에 15번 정도 웃고 어린애들은 무려 400번이나 웃는다고 한다. 우리 노인들은 힘들고 각박한 세상을 살면서 하루 몇 번이나 웃으며 살고 있을까?

노인세대들은 유교사상과 양반 흉내를 내면서 웃는 것을 실없는 사람, 싱거운 사람, 허파에 바람이 들었다는 등 금기禁忌시 하며 살았다.

근엄하고 점잖은 것이 미덕처럼 여겨 왔고 가난과 전쟁의 폐허廢墟 속에 앞만 보며 바쁘게 살아왔다.

노년기로 접어들면서 각종 호르몬의 감소와 몸의 모든 기능이 떨어지고, 대가족 제도에서 핵가족화 되면서 웃을 일이 없어서 더욱 웃음이 줄어들었다. 경노효친사상이 점점 희박해져가는 사회적인 현상과, 정부의 경제우선정책이 웃음이 줄어든 하나의 원인이라고 할 수 있다.

노인자살 세계 1위라는 불명예는 무엇을 말함인가? 결코 노인들의 삶이 행복하지 않다는 얘기다. 그렇다고 강 건너 불 보듯 남의 일처럼 우울하게 보고만 있어야 하는가?

웃는 것은 돈 드는 일이 아니다.

우리 노인들 스스로 즐거운 마음이 유지되도록 노력해야 한다. 웃음은 생체리듬을 향상시켜 신체기능을 활성화시킨다고 했다. 파안대소, 박장대소 등 즐거워 크게 웃는 웃음은 엔돌핀과 같은 몸에 좋은 강력한 물질을 만들어 면역력을 증가시켜서 암을 예방하고 치료하는 효과도 있다고 했다.

일소일소一笑一少일노일노一怒一老 한번 웃으면 젊어지고 한번 화를 내면 늙어진다 했으니 웃고 살자.

웃는 얼굴에 침 뱉지 못한다고 했으니 억지로라도 웃는 연습을 하

자. 필자는 모 대학 평생학습 프로그램 웃음치료 과정을 1년간 수강한 적이 있다. 그때 배운 어설픈 실력으로 산악회, 결혼식 등 버스로 이동시에 사회자가 되어 웃음 3단계 과정을 실습한 적이 있다. 처음엔 어색한 듯 잘 따라 하지 않던 사람들도 억지웃음이라도 웃고 나면 표정이 밝아지고 기뻐하는 것을 목격했다.

그러나 이렇듯 좋은 웃음도 때와 장소를 가려서 웃어야 한다. 상가喪家나 불행한 일을 당한 상대방 앞에서는 주의할 일이다. 히죽히죽 상대방에게 불쾌감을 주는 상대를 깔보는 웃음, 조롱하듯 웃는 웃음, 빈정거리듯 웃는 웃음, 여인들에게 웃는 야릇한 웃음 등은 삼가야 할 일이다. 사람과 동물이 다른 것은 사람은 감정표현을 할 수 있어서 웃을 수 있다는 것이라고 했다.

모든 병의 근원이 스트레스라고 한다. 항상 긍정적인 생각으로 웃음을 잃지 말고 모든 것 내려놓고 너털웃음 한번 웃자. 결코 생을 마감할 때까지는 삶이 녹록치 않다.

항상 좋은 날, 즐거운 일만 있는 것이 아니고 슬픈 일 괴로운 일도 많다. 괴롭고 슬픈 일은 세월에 맡기고 그로부터 빨리 벗어나야 한다. 사회도 제도적으로 노인들이 외로움으로 우울증에 걸리지 않도록 프로그램을 개발해서 집 밖으로 나와 활동하도록 해야 한다.

누구나 가야 할 노인의 길, 물질적인 도움도 중요하지만 정신적인 외로움이 더 큰 문제다. 내 이웃 노인들이 외로움으로 힘들어하지 않는지 관심을 가지고 따뜻한 시선으로 노인 가정을 살펴야 할 일이다. 특히 자녀들은 안부전화라도 자주 하고 손자손녀들과 함께 가능하면 가끔 찾아와서 노인들을 외롭지 않게 해야 한다.

지금의 노인세대들은 한강의 기적을 이룬 주역들이다. 노인들을 사회의 짐 인 양 부정적인 시각으로 바라보지 말고 노인 자살 세계 1위라는 불명예를 씻기 위해서라도 국가, 사회, 가족 모두가 노인들이 외로워 웃음을 잃지 않도록 노력 해야지 싶다.

독립가

내가 초등학교 다니던 1950-1960년대 그 시절은 가뭄으로 흉년이 들어 보릿고개라는 유행어가 생기는 헐벗고 배가 고파서 무척이나 힘든 세월들이었다. 가뜩이나 먹을 것도 부족한데 땔감마저 없어서 어린 나이임에도 시간이 나면 산에 가서 땔감을 구해 와야 했다.

가까운 산에 가면 언제 누가 먼저 왔는지 비를 들고 청소한 것처럼 깨끗이 낙엽을 쓸어갔다. 좀 더 깊은 산으로 들어가서 낙엽과 솔방울, 삭정가지 등 땔감을 구해서 괴나리봇짐 메듯 메고 돌아왔다. 적은 부피인데도 그때는 무겁고 힘들어서 집으로 돌아오는 길이 무척이나 멀게 느껴지고 힘겨웠다.

더구나 큰 형들이 산을 감시하는 사람이라는 뜻의 줄인 말을 상감으로 지칭하며 그 사람에게 잡히면 힘들게 한 땔감을 압수당한다고 겁을 주어서 불안에 떨며 돌아오곤 했다.

그때는 나이도 어렸지만 숲의 아름다움이나 이로움 등을 생각할 겨를이 없이 땔감으로만 보이는 고달픈 생활이었다. 그 시절 민둥산이 많아진 이유는 많겠지만 일제시대의 산림수탈 해방 후 어려웠던 시절 화전을 일구고 땔감, 숯, 건축자재용으로 많은 나무들이 사라졌다. 6·25전쟁과 산업화 시대의 무분별한 개발과 산불 등으로 많은 산과 숲이 소리 없이 사라졌다.

2013년 봄 고향 선배의 초청으로 대전 변두리에 있는 S농장 독림가의 산을 방문했다. 병원 원장인 선배는 벌거숭이산을 사서 시간 틈틈이 산으로 달려와서 나무를 심었다고 했다. 빼곡히 우거진 숲을 보면서 이윤추구를 위한 투자목적의 조림造林이 아님이 느껴졌고 선배가 얼마나 많은 땀을 흘렸을까 하는 생각이 들었다. 현재는 90이 넘은 나이라서 건강이 여의치 않아 아들이 산을 관리한다고 했다.

우리 일행을 안내하던 아들은 산에 투자한 돈을 변두리 부동산에 투자했으면 지금쯤 시내에 빌딩이 몇 채 될 거라며 웃는다. 지금처럼 울창한 숲이 되기까지는 연탄과 석유 등의 대체연료가 등장함으로 땔감의 수요가 줄어드는 등의 이유도 있지만 헌신적인 독림가들의 노력이 있어서 돈으로는 환산할 수 없는 아름다운 숲을 보게 됨을 감사해야 할 일이지 싶다.

숲에 들어가면 엄마의 품처럼 포근하고 마음이 편하다. 계절 따라 꽃이 피고 새 울며 초록 비단 이불처럼 펼쳐진 신록과 아름다운 가을

단풍, 겨울 눈꽃은 경이롭고 탄성이 절로 나온다.

올 같은 폭염에도 빼곡히 우거진 계곡에 들어가면 전혀 더위를 느낄 수가 없다. 얼굴을 스치는 바람은 에어컨 바람보다 시원하고 상쾌해서 퍼 갈 수만 있다면 방안 가득 채우고 싶었다. 숲은 풍성한 나물과 약초, 버섯, 밀원 등 먹을거리를 건축자재와 피톤치드 맑은 공기를 제공한다. 숲은 삶의 근원이자 터전이고 동식물의 안식처이며 치유의 장이다. 이 지구상의 십 분의 일이 사막이며 무분별한 개발로 자연이 훼손되어 사막화 현상이 늘어간다고 했다. 산사태와 홍수 극심한 가뭄 폭풍과 해일 지구온난화가 산과 숲의 훼손과 결코 무관하지 않다. 더 큰 자연의 재앙이 닥치기 전에 모든 지구인들이 온실가스를 줄이고 자연사랑을 생활화하며 내 주위에 있는 산에 풀 한 포기 나무 한 그루라도 심는 작은 노력이라도 해야지 싶다.

불씨

사람이 불씨를 사용한 것은 언제부터일까? 자연적으로 발생한 불에서 불씨를 담아 보관했던 화종관이 신석기 시대의 유물이라고 한다. 그러니 사람이 신석기시대부터 불씨를 사용했으리라 추정된다. 생식을 하던 사람들이 음식물을 익혀 먹을 필요가 있어서 불씨가 사용된 것 같다. 그 이후 문명이 발달하면서 가죽 끈의 마찰, 부싯돌 부딪치기, 물체를 회전시켜서 오는 마찰 등 여러 방법으로 불씨를 만들어 사용했다.

1940년 이후 어려웠던 시절엔 주로 돌 질그릇, 사기, 무쇠, 놋쇠 동으로 만든 화로에 불씨를 담아 긴요하게 사용했었다. 아침에 아궁이의 불을 화로에 담아 불씨가 오래가도록 잘 다독이며 땔감이 부족했던 시절 방안의 온도를 높이기도 했었다. 방안의 화로는 추운 겨울 밖에서 꽁꽁 언 손과 젖은 발을 녹여 주기도 하고, 고구마나 밤 등

을 묻어 구워서 먹기도 했었다. 찬 음식을 따뜻하게 덥혀 먹기도 하고, 할아버지 할머니의 담뱃불을 붙이는 데도 사용되었다. 인두를 깊숙이 묻어 두었다가 양복 한 복의 깃 동정을 다리기도 했다. 머리나 목 뒤에 난 종기에 붙이는 고약을 눅눅하게 녹이기도 하고, 눈망울이 초롱초롱한 손자 손녀들에게, 화롯가에서 할아버지 할머니가 무서운 옛날 얘기도 들려 주었다. 이렇게 일과를 마친 불씨는 그 다음날 아침 아궁이로 되돌아가 새 불씨로 사용되었다. 이렇듯 긴요하게 사용되던 화로 속의 불씨도 문명이 발달하면서, 빨리 뜨거워진 화로가 빨리 식는다는 속담과 함께 성냥이나 라이터, 석유가 나오면서 서서히 사라졌다.

우리나라에 처음 성냥이 들어 온 것은 1880년대라고 하지만, 일반인들에게 보급 된 것은 한일합방 후, 일본인들이 인천과 군산, 부산, 수원 등지에 성냥공장을 세운 뒤라고 한다. 일본인들은 쌀과 곡식을 착취하는 것도 모자라서 성냥 한 통에 쌀 한 되를 주고 사는 높은 폭리로 돈까지 착취했다. 비싸기는 했지만 편리함 때문에 성냥이 불씨로 많이 이용되었다. 어렸을 때 성냥을 가지고 장난하면 자다가 이불에 지도를 그린다고 야단을 맞기도 했다. 어린시절 밤에 자면서 이불에 지도를 그리면 그 벌로 키를 쓰고 이웃집에 소금을 얻으러 갔다가 호되게 혼나고 울면서 돌아오기도 했다. 다방에서 약속한 사람을 기다리며, 늦어지면 애꿎은 성냥만 부러뜨려 불구로 만들고 탑을 쌓기도 했던, 우리와 친숙했던 성냥이다. 그러나 성냥이 널리 보급되면서 그 부작용으로 산이나 집 공장을 태우기도 하고, 인명을 앗아가는 등 많은 피해를 보기도 했다. 화재로 인한 피해가 많아지자 "자나 깨나 불조심 꺼진 불도 다시 보자." 등의 불조심 표어를 공모하기도 했다. 서민들과 친숙했던 성냥도 중국산 성냥이 수입되고 1회용 라이터와 가스레인지가 보급되면서 화려했던 성냥시대도 서서히 막을 내렸다.

해방 뒤 조양표, 비사, 유엔, 오리온, 성춘향, 돈, 아리랑, 대한, 성광, 송학표 등 전국에 300여 곳의 성냥공장이 성업을 이루었다고 한다. 그러나 지금은 전국에서 유일하게 경북 의성 도동리에 '성광성냥공업사' 한 곳이 있다고 한다. 1954년 설립된 이 공장은 대지 1,500여 평에 잘나갈 때에는 종업원 200여 명이 연 70억이라는 판매 실적을 올리기도 했단다. 지금은 10여 명의 종업원이 남아 다방이나 식당 기타 개업 홍보물 및 판촉물로 주문이 있을 때만 공장을 가동한다고 했다. 오그랑장사*로 마지막 남은 성냥공장이 언제 문을 닫게 될지 모르지만 16세부터 성냥 공장에서 성냥 만드는 일에 관여했다는 사장님의 바람은 성냥공장이 성냥 박물관으로 되었으면 좋겠다고 했다.

---

* 오그랑장사 : 이윤을 남기지 못하는 장사

편리함만 추구하는 인간들의 욕심 때문에 지나친 자연훼손과 과도한 석유사용으로 인한 온실가스 배출로 환경오염과 지구온난화로 지구는 온통 몸살을 앓고 있다.

그 순수하고 고마웠던 불씨가 이제는 평화적 이용이라는 이름으로 핵으로 개발되어 원자로에서 활활 타오르고 있다. 2차대전 당시 일본을 항복시켰던 무시무시한 원자폭탄처럼 이 불씨가 앞으로 어떤 모습으로 변할지는 아무도 모른다.

핵무기로 변신한 불씨와 땅속에 숨어 있는 불씨 화산이, 우리의 적이 되어 언제 뛰어 나와 분통을 터트리며, 지구를 삼키려 들지 모른다.

세계 모든 국가가 이제는 이기주의적 지나친 난亂개발과 무분별한 핵무기생산을 지양하고 친환경 녹색성장으로 언제 닥칠지 모르는 지구의 큰 재앙에 철저히 대비해야 할 것 같다. 그것이 바로 지구도 살리고 인간도 사는 공존공생共存共生의 유일한 길일 듯싶다.

효도 관광

산천초목도 깊이 잠이 든 새벽 2시 전주에서 직장생활을 하는 딸의 원룸에서 잠시 눈을 붙이고 난 우리 내외는 딸과 함께 집을 나섰다.

아직은 차갑기만 한 2월의 새벽바람을 뒤로하고 2시 30분 인천공항으로 가는 버스에 올랐다.

늙은이 취급을 하는 것 같아 동행 하지 않아도 된다고 했지만 인천공항까지 동행해서 비행기에 탑승 하는 것을 보고 오겠노라는 딸의 효심이 느껴져 못이기는 척 따라나섰다. 공항버스에 올라 잠시 잠이 든 듯했는데 6시 넘어 인천공항에 도착했다. 딸의 도움으로 모든 탑승 수속이 끝나고 7시 50분 방콕 행 대한항공 KE657기에 몸을 실었다.

이번 효도관광은 7년 전인 2005년 나의 회갑 기념으로 세 자녀가 힘을 합쳐 계획한 여행이다. 여행일정을 조율하는 중에, 감기 한번 앓지 않았던 아내가 갑자기 큰 수술을 하게 되어 여행 계획은 취소되었다. 그동안 현대의학에서 포기했던 아내의 건강이 하나님의 도우심으로 좋아져서 아내의 회갑인 올해에 자녀들이 서둘러 마련된 패키지 관광 여행이었다.

인천 공항에 도착하면 여행사에서 모집된 우리와 같은 목적의 관광객들이 다소 합쳐질 줄 알았는데 일행이 없이 우리 부부만 공항을 출발했다.

방콕 공항에 11시 50분 도착, 본 여행에 지정된 가이드가 바빠서, 임시로 나왔다는 가이드를 따라 우리 부부만 승합차를 타고 식당으로 직행했다. 점심 식사 후 가이드는 오늘 일정이 없다며 우리를 호텔에 안내한 후 가 버렸다.

호텔에는 인종 전시장처럼 러시아, 인도, 말레이시아, 중국, 한국인 등 여러 국가에서 온 관광객으로 붐볐다. 호텔에 여장을 푼 우리는 무료히 그냥 있을 수 없어 호텔 앞 과일 가게에서 망고 등 열대과

일을 사가지고 와서 포식을 하며 첫째 날 한나절을 아쉬움 속에 보냈다.

둘째 날은 공항에 막 도착한 대전에 산다는 50대의 주부 두 사람이 친정엄마와 함께 합세했다. 6명이 일행이 된 우리는 관광길에 나섰다.

1782년 라마1세에 의해 세워진

금박잎새, 자기, 유리로 화려하게 장식된 왕궁과 에메랄드 사원, 수상가옥, 새벽사원 등 계획된 일정대로 돌아보았다.

자녀들이 불편하지 않도록 선택한 관광 상품이라서 전통 마사지, 식사 모든 것이 만족했다.

좋은 기분으로 시작된 관광이 둘째 날부터 빗나가기 시작했다. 우리를 안내하는 가이드가 산호섬에 갈려면 제트보트를 타야 되는데 나이들이 많아 안전에 문제가 있다며 120불이 추가되는 선택 관광을 하라고 했다. 수익을 위해 선택 관광을 강요하는 것도 싫었고 이 정도는 감당할 수 있다는 생각이 들어서 우리 부부는 예정대로 산호섬으로 가기로 했다.

가이드의 엉뚱한 제안으로 심기가 불편해서였는지 아니면 물을 바꾸어 마셔서인지 배가 아프고 소화가 안 되어 저녁도 먹지 못하고 잠자리에 들었다.

셋째 날 약속된 시간에 나갔더니 합류하기로 한 다른 팀은 아침 식사를 하고 나왔으나 우리는 가이드의 안내가 없어 다른 팀을 따라 아침도 굶고 산호섬으로 가는 보트에 올랐다. 제트보트는 가이드 얘기처럼 그리 위험하지 않았다.

우리 한국은 겨울날씨라서 영하의 날씨인데 이곳은 영상 30도의 더운 날씨였다. 바다 속살이 다 보이는 아름다운 산호섬 맑은 물에서 해수욕을 즐기고 섬에서 나와 일행과 다시 합류했다. 대전에서 온 우리 일행은 선택 관광으로 마사지만 실컷 했다며 산호섬에 못간 것을 못내 아쉬워했다. 점심은 샤브샤브 레스토랑에서 해물요리를 먹었다.

한국에서 온 단체 관광객이 외국인들로 꽉 찬 식당에서 큰소리로 "위하여" 하고 외쳐서 눈살을 찌푸리게 했다. 오후에는 농눅빌리지에서 코끼리 쇼를 관람하고 코끼리 등에 타 보기도 했다.

넷째 날 라텍스 고무제품 상점 쇼핑, 6명의 적은 인원인 우리에게 가이드가 예외 없이 상품을 구입하라고 부담을 주었다. 몇 차래 해외여행을 했지만 단체관광이라서 쇼핑에 크게 신경 쓰지 않았었다. 그러나 이번 관광은 적은 인원이라서 불필요한 제품 앞에서 죄인 인양 가이드의 눈치를 살피며 주눅이 들었다.

호랑이 공원에서 인간들에 의해 길들여진 악어와 호랑이들의 쇼를 보면서 맹수답지 않은 모습에 불쌍하다는 생각이 들었다. 파인애플 농장에서는 파인애플을 시식하며 특이하게 태국 왕실의 역사를 설명해서 이채로웠다. 보석코너에서 또 한번의 반 강제 상품 구입의 곤욕困辱을 치르고 84층의 빌딩에서 방콕시내의 아름다운 야경을 감상하며 저녁을 먹었다.

다섯 째날 특별한 일정 없이 호텔에서 한나절을 보내고 1시 5분 인천 행 귀국비행기에 올랐다. 3박5일의짧은 여행이라 자투리 시간들이 아쉬웠고 수익만 올리려는 가이드의 상품구입 강요는 개선되어야지 싶다.

바늘 도둑

나에겐 어릴 적부터 마음이 통했던 죽마고우 단짝 친구가 있다. 우린 틈만 나면 제기차기와 팽이치기 딱지 따먹기, 구슬치기 등을 하며 놀았다. 저녁엔 친구네 별채 방에서 책이 귀한 시절이었지만, 만화나 소설 잡지 등 가리지 않고 밤새는 줄 모르고 읽었다. 밤이 깊어가는 것도 모르고 문학을 얘기하고 미래에 대한 희망을 얘기하며 청운의 꿈을 펼치기도 했다. 숨바꼭질, 자치기, 돼지 오줌보로 만든 축구공으로 동네 좁은 골목에서 축구도 하며 여자애들이 고무줄놀이를 하면 줄을 끊고 줄행랑을 치기도 했다. 때론 여자애들과 찐 고구마를 김치와 같이 먹으며 연극연습을 밤늦게까지 했지만 연습으로 끝났고 공식적인 공연을 한 적은 없다.

장난기가 다분하고 호탕한 성격의 친구는 때론 엉뚱한 제안을 해서 나를 당황스럽게 하기도 했다. 한 치 앞을 분별하기 어려운 자정을 넘긴 깜깜한 여름 어느 날 밤, 그 친구 녀석이 수박 서리를 가자는 거였다. 내성적이고 겁이 많았던 나는 다소 망설여졌지만 장난기가 발동하고 배도 출출해서 자의반 타의반 친구를 따라 나섰다. 군에서 흘러 나온 듯한 평소 사용하던 낡은 모포 한 장을 친구 집에서 가지고 나와서 남의 눈에 잘 띄지 않게 하기 위해 하얀 셔츠를 벗어 버리고 하의만 입은 채 뒷동산 언덕 위 수박밭으로 살금살금 주위를 살피며 다가갔다. 수박밭에 접근한 우리는 최대한 자세를 낮추고 정숙 보행으로 수박밭 고랑을 타고 밭 가운데로 들어갔다. 평소 주워들은 상식으로 손가락으로 튕겨서 맑은 소리가 나는 수박이 익은 수박이라고 해서 대충 손가락으로 튕겨서 맑은 소리가 나는 몇 개의 수박을 따서 모포에 담았다. 다행히 원두막의 주인은 잠이 들었는지 들키지 않고 무사히 수박이 담긴 모포 양쪽을 잡고 한참을 내려왔다. 안도의 숨을 내쉬며 산 아래 옹달샘을 막 지나려는데 반대 방향에서 인기척이 났다. 깜깜해서 식별하기는 어려웠으나 오던 사람과 마주쳤다. 혼비백산한 우리는 도망칠 틈도 없어서 그냥 그 자리에 주저앉고 말았다. 분별할 수는 없어도 상대방도 놀랐는지 걸음아 날 살려라 하고 오던 길로 줄행랑을 치는 거였다. 황급히 다른 길로 돌아선 우리는 친구 집에 도착하여 놀란 가슴을 쓸어안으며 어렵게 노획한 수박을 맛있게 깨 먹었다. 수박 껍질은 완전 범죄를 위해 화장실 잿더미 속에 묻었다. 그 다음날부터 마을에서는 뒷동산 아래 옹달샘에 귀신이 나타난다는 소문이 돌았다. 그런 말을 들을 때 우리 둘은 마주보고 의미 있는 미소를 지었다.

한 번은 복숭아가 먹고 싶다며 복숭아 서리를 가자고 해서 복숭아밭에 들어갔다가 복숭아에 손도 대 보기도 전에 주인에게 들켰다. 주인이 호루라기를 불며 손전등을 비추면서 쫓아오는 바람에 가시철조망에 옷만 찢기고 걸음아 날 살려라 하고 도망쳐 오기도 했다.

동지섣달 기나긴 밤 친구들 몇 명이 밤늦게까지 놀다가 배가 출출한 참에 친구 하나가 자기 집에 토종닭이 두 마리 있으니 한 마리 잡아다 먹자고 제안했다. 얼씨구나, 의기투합한 우리는 작전 계획을 세우고 닭 주인 친구를 선두로 살금살금 친구네 닭장이 있는 곳으로 들어갔다. 지형지물에 익숙한 친구의 안내로 손쉽게 닭을 잡아 늦은 밤 화기애애한 가운데 백숙을 만들어 맛있게 먹었다. 지금도 그때 먹었던 토종닭 맛이 내 생애 최고의 맛으로 기억되어 가끔 그때 생각을 하며 군침이 돌아 입맛을 다신다.

서로 어려웠던 시절 마땅한 간식거리가 없었고 성장기 배 고픔을 달래려고 장난 아닌 장난처럼 가끔 서리를 했다. 남의 밭에 들어가 덜 익은 보리 밀을 꺾어서 구워서 먹기도 하고 고구마나 무도 캐 먹었다. 그때는 서리를 하다가 들켜도 야단만 치고 범죄로 여기지 않고 너그러이 용서해 주었다. 지금처럼 각박한 인심 속에서는 가히 상상도 할 수 없는 일이다.

요즘은 사과 하나만 몰래 따먹어도 절도로 고발되어 상습범으로 몰려 몇 배로 변상해야 한다.

그 시절 우리의 행동이 옳은 일이라 할 수는 없겠지만 상대를 전혀 배려하지 않고 고발과 고소가 난무하는 요즘 사회를 보면서 작은 것이라도 이웃과 나눴던 끈끈한 정이 그립다.

가시고기 같은 사랑

산골 마을에 70대의 부부가 90살이 넘은 구학문을 하신 선비 타입의 홀아버지를 모시고 살고 있었다. 그 며느리는 이웃집에 품앗이 일을 하러 가도 식사 시간에는 주인에게 양해를 구하고 시부에게 따뜻한 밥을 해서 드리는 등 지극정성을 다해 인근에서 효부라고 소문이 나 있었다. 그러던 어느 날 그 아들이 오토바이 사고로 병원에 입원하게 됐는데 아버지가 걱정할까봐 친척집에 간 것으로 선의의 거짓말을 했다. 비밀은 없는 법, 마을 사람으로부터 아들의 입원 사실을 알게 된 아버지는 문병 가는 일행을 따라 병원에 갔다. 아들은 응급실에 온통 붕대로 온몸을 감싸고 산소 호흡기를 끼고 있었다. 그 상황을 보고 아버지는 아들의 상태가 심각하다고 판단했다. 그 이후 아버지는 주위사람들에게 자식을 자기보다 먼저 보내서는 안 된다고 입버릇처럼 자주 말했다. 그러던 어느 날 깨끗이 차려입고 나들이를 나선 아버지는 아들과 딸, 가까운 친척들에게 작별 인사라도 하는 듯 찾아 다녔다. 며칠 후 집으로 돌아온 아버지는 황혼이 지는 석양에 인근 슈퍼에서 막걸리 한 병을 사들고 뒷산으로 올라가 제초제와 술을 함께 마시고 아들의 죽음이 불효가 되지 않도록 생을 마감하고 말았다. 산소 호흡기를 끼고 있으면 곧 죽을지도 모른다는 생각과 구학문을 하신 아버지는 아들이 먼저 가는 것을 불효하는 것이라는 강박관념 때문에 결행한 자살이리라. 그 후 자식을 사랑한 아버지의 간절한 진심이 통했는지 그의 아들은 건강을 회복하고 5~6년을 더 살다가 세상을 떠났다.

뱃속에 잉태한 알을 배출하고 떠나버리는 무정한 어머니 가시고기에 비해 가시고기 아버지는 알 주위를 떠나지 않고 감시하며 마지막 남아 몸 까지 자식들을 먹이로 제공하고 생을 마감한다.

이 시대 많은 사람들이 어머니의 희생과 사랑을 극찬하지만 자식의 불효를 막기 위해 목숨까지도 버리는 아버지의 사랑은 그 어떤 사랑보다 더 큰 사랑이 아니겠는가?

※ 이 영화는 필자가 각본을 쓰고 주연으로 출연하여 2013년 제 6회 서울노인영화제 본선에 올랐고, 감독상을 받았다. 제 8회 정읍전국실버 영화제에서는 최우수상을 수상했다.

잡초와의 전쟁

나는 농촌에 살면서도 면 소재지에서 자영업을 한 탓으로 농사와 일을 모르고 살아왔다. 내가 경작하는 밭은 집에서 이 킬로미터 떨어진 내 고향 마을 큰 길 가에 있다. 자영업도 요즘은 경기가 예전 같지 않아서 운동 삼아 타인에게 내주었던 400여 평의 밭을 가족들의 먹을거리라도 해결 할 양으로 올해부터 손수 경작하기로 했다. 밭 이랑을 검은 비닐로 씌우고 구멍을 뚫은 후 고구마, 파, 둥근 마, 들깨, 콩 등을 심었다. 건강식 생산을 위해서 가능하면 화학비료와 농약을 쓰지 않고 퇴비를 사용했다. 농사 초년병에게는 뽑고 뽑아도 한쪽에서 다시 솟아나는 잡초가 문제였다. 새벽에 밭에 나가 잡초를 뽑고 있으면 지나가던 마을 사람들이 딱하고 답답하다는 듯 혀를 차고 지나간다. 제초제를 하면 끝나는 것을 왜 날마다 새벽에 나와 잡초와의 전쟁으로 고생을 하느냐고 한다. 결코 잡초를 이기지 못하니 두고 보라

며 트랙터로 밭을 갈아 주었던 후배는 금방이라도 농약 통을 메고 들어올 기세다. 그럴 때마다 나는 운동 삼아 하는 거라며 친절한 충고도 아랑곳하지 않고 나와 잡초와의 전쟁은 계속 이어졌다. 이런 나를 보고 마을 사람들도 지쳤는지 오늘도 또 나왔느냐고 인사만 하고 지나간다. 이쪽을 뽑으면 또 저쪽에서 비웃기라도 하듯 고개를 내밀고 용용 죽겠지 하며 새파랗게 솟아나는 끈질긴 생명력을 자랑하는 잡초들이다.

바랭이, 쇠비름, 피, 명아주, 바람하늘지기, 강아지풀 등이 우리 밭에 나는 잡초의 주종들이다. 바랭이 녀석은 어찌나 땅 욕심이 많은지 사통팔달四通八達 사방으로 세력을 확장하면서 지나는 곳곳에 뿌리를 깊게 내려서 제거하기가 힘이 든다. 뽑다가 뿌리가 조금만 남아도 그곳에서 악착같이 다시 싹을 틔워 세력 확장에 나선다. 피라는 잡초는 힘이 황우장사인데 어릴 때는 잎이 연해서 잡아당기면 땅위에 있는 몸통은 잘리고 땅속에 남은 뿌리부분은 남아서 다시 싹을 틔워 살아남는다. 어느 정도 자라면 어떻게나 깊이 뿌리를 내리고 버티는지 한 손으로 잡아당기면서 한 손으로 호미로 협공을 해야 항복을 하고 뽑혀 나온다. 쇠비름은 뿌리째 뽑아서 버려도 시들시들 죽은 듯 위장술을 부리다가 비만 내리면 옹용 죽겠지 하면서 다시 살아난다. 명아주와 강아지풀 등은 제거하기가 간단해서 조금은 손쉬운 상대이다.

땀으로 목욕을 하고 모기에 물리며 어느 정도 잡초를 평정하고 나니 고구마 순도 무성하게 활착하고 들깨도 많이 자랐다. 둥근 마도 지주를 세워 주었더니 하늘 높은 줄 모르고 지주를 타고 올라와 밭이 그럴듯하게 가득 찬 느낌이 들었다. 지나가던 마을 사람들도 이제는 밭이 제대로 되었다고 칭찬했다. 그러나 나와 잡초와의 전쟁은 끝나지 않았다. 잡초들을 손쉽게 제거하는 방법을 생각하다가 말라 죽어 쌓여 있는 풀 더미에서는, 다시 잡초가 나지 않는 것에 착안하여, 잡초를 뽑아낸 이랑에 낙엽이나 볏짚 등을, 두툼하게 깔아주었다. 수분 증발 억제 및 퇴비의 역할까지 일석 삼조의 효과를 노리며 승리하는 그날을 위해 잡초와의 전쟁은 계속되고 있다. (2008.7.5.)

2

장춘에서 온 편지

기적의 삶

2005년 음력 6월 21일은 아내의 생일이다. 평소 감기 한번 앓지 않던 아내가 암 진단을 받고 다시 태어나라는 암시처럼 수술을 받던 날이다. 아침 일찍부터 서둘러 준비하고 수술실로 아내를 보내며 착잡한 마음과 안타까움에 수술이 잘되기를 간절히 기도했다. 5시간 정도 걸릴 것이라던 수술이 5시간이 넘어 한 시간 두 시간 지나갈 때마다 초조와 불안한 마음에 수술실 앞 전광판만 바라보며 애를 태웠다. 남편 잘못 만나 평생 고생하고 몹쓸 병에 걸린 것 같아 회한과 자책으로 마음이 무거웠다. 점심도 거른 채 시간이 갈수록 초조해 하며 축 늘어지는 나를 보고 수술도 끝나기 전에 내가 먼저 죽겠다며 처형이 구급약을 사다 먹였다. 수술실로 들어간 후 10시간이 지난 후에야 전광판에 써있던 아내 이름의 불이 꺼졌다. 안도의 한숨과 함께 긴장이 풀리며 몸에서 힘이 쭉 빠져 나갔다. 예상 했던 것보다 아내의 병이 심각해서 대장, 간, 림프에까지 전이되어 시간이 많이 걸렸다고 했다. 회복실을 거쳐 중환자실에서 파리하게 지쳐서 정신을 못 차리는 아내의 모습을 보며 숨을 쉬고 있다는 것 자체에도 감사했다.

다음 날부터 간병인으로 암과의 지루한 전쟁은 시작되었다. 일반 병실로 옮긴 후 딱딱한 보조 침대에서 새우잠을 자며 암에 관한 책을 읽기도 하고 경험자들의 얘기도 들으면서 치료에 도움이 되고자 했다. 그러나 내가 지금 할 수 있는 일은 현대의학에 맡기고 의사의 지시대로 움직이는 일뿐이었다. 항암 치료를 3주에 한 번씩 회수를 거듭할수록 머리카락이 빠지고 콧속이 헐고 혀가 갈라지는 등 항암제의 살인적인 독성은 말로 표현할 수가 없었다. 매일 아침 눈이 떠지면 아내가 숨은 쉬고 있는지 상태는 어떤지를 습관처럼 살피게 되었다. 아내의 상태가 좋아 보이면 나도 하루 일과가 힘들지 않게 넘어가지만 아내가 힘들어하면 우울한 가운데 힘겹게 하루가 넘어갔다. 나를 더욱 힘들게 했던 것은 암은 호전되어도 80~90% 재발된다고 묻지도 않은 말을 강조하듯 말하는 여자 주치의 때문이었다.

보호자들에게 희망적인 말을 했다가 환자가 잘못 되었을 경우 후환이 두려워 미리 보호막을 치려는 의사들의 의중은 이해가 된다. 그러나 가뜩이나 힘들게 투병 중인 환자나 가족에게 어려운 병이지만 최선을 다해 보자고 따뜻하게 얘기할 수는 없다는 말인가?

나의 불편한 마음을 알기라도 한 듯 냉혈인간 여의사가 다른 곳으로 갔다.

아내는 3주 간격으로 한 번씩 항암제를 주사 했다. 그러나 반복되는 치료에도 효과가 없으니까 항암제를 3번이나 바꾸었다고 했다. 항암 400여 일 14회째에는 약의 효과가 없으니까 인체실험 대상처럼 항암제의 독성에서 몸을 회복할 시간도 없이 21일 만에 놓아야 할 항암제를 8일 만에 또 투여했다. 주사 후 아내의 혈압이 죽음 직전의 수치까지 떨어지고 말았다. 허둥지둥 의사들이 몰려와서 응급조치를 해서 다행히 아내의 혈압은 정상으로 회복되었다. 그동안 간병하면서 암 병동에서 환자가 위급하면 우르르 의사들이 몰려와서 응급조치를 하다가 잘못되면 신속하게 장례식장으로 옮겨가는 주검들을 종종 보았다. 아내와 같은 경우에도 잘못되었으면 의사들은 사전에 각서를 받아놓고 있어서 의료사고가 아닌 양 지나 갔을 일이다.

그날 저녁 주치의가 나를 불러 최선을 다했지만 효과가 없어 현대의학으로는 고치기가 어렵다며 퇴원하라고 했다. 우리나라 굴지의 암 전문병원에서 더 치료할 수 없다는 말을 듣고도 나는 아내가 잘못된다는 생각이 안 들어 담담히 받아들였다. 아내는 고향 집으로 내려온 후 항암제 투여 없이 1년간 주위의 조언으로 건강 보조식품 섭취와 병행해서 식이요법하며 음식을 가려 먹었다.

좋아하던 사탕, 밀가루 음식, 육류 등을 먹고 싶어 눈물을 흘리면서도 참고 철저히 투병생활을 했다. 가족들도 고기가 먹고 싶어도 환자를 위해서 참아야 했다. 퇴원 후 7~8개월이 흐른 후 어느 정도 병이 호전된 듯 하여 병의 진행정도를 알아보려고 입원했던 암센터를 찾아갔다. 건강한 모습으로 걸어 들어온 우리를 만난 주치의사가 깜짝 놀라며 어떻게 이렇게 좋아질 수가 있었냐며 알 수 없는 일이라 했다. 검진 결과 별 이상이 없어서 3개월에 한번 6개월에 한번 병원에서 정기적인 검진을 받았다. 7년이 지난 이제는 1년에 한번 정기검진을 하면서 나름대로 건강한 삶을 살고 있다.

아내의 병이 호전되기까지는 본인이 가진 신앙으로 죽음에 대한 두려움이 없었고 철저한 음식 관리가 주효한 것 같다. 새벽마다 통성기도해 주었던 교인들 가족 친지 지인들의 염려가 더 큰 힘이 되었다. 특히 하루도 거르지 않고 먼 거리를 오가며 도와준 천사표 처형과 여동생의 헌신은 눈물겹도록 고마웠다.

암과의 전쟁에서 이긴 당신, 고맙고 감사하오. 이제 너무 서두르지 말고 여유도 즐기면서 건강하게 삽시다.

여보! 그동안 못다 한 말 사랑합니다.

시골 상인

필자는 군 전역 후 20대 후반부터 지금까지 면소재지에서 40여년 자영업을 하고 있다. 1년 내내 비가 오나 눈이 오나 바람이 부나 휴일도 없이 천직으로 알고 계속해 오고 있다.

성격이 내성적인 데다 원칙을 고수하는 편이라서 사람들은 장사 타입이 아니라며 직업 선택을 잘못했다고 말한다. 그나마 다행인 것은 아내가 다소 사교적이어서 지금까지 유지해 왔는지도 모른다.

자영업을 하다 보면 고객들도 천태만상千態萬象이다. 물건값만 이것저것 물어보는 사람, 잔뜩 물건을 골라놓고 말도 없이 가버리는 사람, 구입단가도 안되는 가격으로 다른 곳에서 구입했다며 그 가격으로 달라고 떼를 쓰는 사람도 있다.

사간 계절상품을 두서너 달 넘게 두었다가 물건에 이상이 없음에도 반품하러 오는 사람도 있다. 어떤 직업이든 고충과 애로가 있겠지만 시골의 자영업자들에겐 힘든 일이 많아도 너무 많다.

자영업을 하기 전에는 "장사꾼은 개도 안 먹는다."라는 속담을 이해하기 어려웠었다. 얼마나 애가 타고 속이 썩었으면 이런 속담이 나왔을까? 이제는 이해가 된다.

시골이라서 상인회가 결성이 되지 않아 1년 내내 쉴 수가 없어서 생각 끝에 경쟁업체와 협의해서 한 달에 두 번 정기휴일로 정했다. 좁은 지역이라서 안면 때문에 휴일에 피신해 있어도 그곳까지 찾아와 물건을 팔 수밖에 없어 서로가 약속을 지키지 못해서 정기휴일은 물거품이 되고 말았다.

세상 사람들은 자영업을 하면 모두가 쉽게 돈을 많이 버는 것처럼 생각한다. 그러나 시골의 자영업자들은 도시에서 영업 하는 사람들에 비해 겨우 현상 유지나 하고 있는 경우가 많다.

필자가 취급하고 있는 품목은 건축과 관계가 있어서 그래도 나은 편이다. 악덕업자들은 처음 얼굴을 익힐 때까지는 결제를 잘한다. 얼굴을 익히면 자재대금을 주지 않고 내일 또 다음 이리저리 미루다가 공사가 마무리되면 잠적해 버린다. 자재를 주었으면 독촉도 하고 자주 찾아가서 확인도 해야 하는데 성격상 그렇게 못 하니 손해가 많았다.

1년 내내 고생을 해서 이윤을 조금 내다가 큰 건 한 건만 부도가 나면 고생이 허사다. 이런 비양심적인 사람들 때문에 정직한 사람까지 불신하게 된다.

그래도 아들들 대학 보내고 자리를 잡았으니 천직으로 알고 오늘도 가게 문을 연다.

딸에게 • 1

사랑하는 딸 지숙아!

이 세상에서 어느 부모 어느 아빠가 자신의 딸이 예쁘지 않은 사람이 있을까? 그래서 자식 자랑은 팔불출이라고 말들 하지만, 열 번 아니 백 번이고 자랑하고픈 딸이기에, 어버이날에 너에게 이 편지를 쓴다. 아빠 나이 29세 음력 마지막 12월, 중매로 선을 본 후 20여 일만에 엄마와 결혼을 했다. 그 이듬해 너의 큰오빠를 낳았고, 두 살 터울로 작은오빠를 낳은 후, 둘만 낳아 잘 기르자는, 그 시절 산아제한 표어처럼 단산하기로 결심을 했었다.

친구들이 아들만 둘인 나를, 딸도 못 낳는 바보라고 놀려대면, 남자가 초지일관初志一貫한 길로만 가야지, 변덕스러우면 되느냐며 웃어 넘기곤 했었다. 그러나 지인知人들과 주위 사람들의 얘기가, 아들은 든든한 버팀목 같은 존재이고 딸은 잔정이 많아, 늙었을 때 정을 많이

준다고 했다.

딸도 못 낳는다는 짓궂은 친구들의 놀림과 주위의 권고로 딸이 하나쯤 있으면 좋겠다는 생각으로 바뀌어, 친구들에게 꼭 딸을 낳을 테니 두고 보라며 큰소리를 쳤었다. 간절한 기도와 염원 속에 네가 아빠의 예쁜 딸로 태어나 주어서 얼마나 기뻤는지 모른다. 너를 낳은 후 아빠는 천하를 다 얻은 듯, 친구들에게 큰 소리를 칠 수 있었다. 어릴 때부터 너는 영특했다. 어린이집에서 발표회를 할 때 대표로 뽑혀 원고를 보지 않고 막힘없이 인사말을 할 때에, 우리 딸이 천재가 아닐까? 하는 착각도 했단다.

너는 초등학교부터 개근상과 우등상을 중학교까지 이어갔고, 고등학교는 스카웃scout 제의가 와서 지역에서는 괜찮다는 고등학교에 입학할 수 있었다.

다소 산만한 집안 환경에도 학원수업이나 개인과외 없이 고등학교 3년 동안 기숙사에서 생활해야 했다.

어려운 환경임에도 네가 열심히 공부한 보람으로 대학입시에 서울 ○○대학과 지방교대 2곳에 합격을 해서 아빠는 얼마나 기뻤는지 모른다. 그러나 등록마감 전날까지도 진로를 결정하지 못하는 너를 보면서 아빠는 당혹스럽기도 했었다. 서울 쪽의 대학에 가고 싶어 하는 너의 내심을 알았지만 일류대학을 나와도 취업이 어려운 현실을 보면서 아빠는 안정적인 교대를 선택하기를 원했다.

등록 마감일 별로 내켜하지 않는 너와 함께 교대로 달려가 등록을 하고 안도의 숨을 쉬었다. 반 강제 아빠의 결정으로 등록을 했지만 교대 4년 동안 너는 차차 잘 적응해 나갔다.

딸에게 • 2

교대 4학년 되던 해 여름,

건강했던 엄마가 예상치 못했던 큰 병으로 10시간의 대수술을 받던 날이 생각나는구나. 대기실에서 초조해하며 불안해하는 나를 너는 차분히 수술이 잘될 거라며 위로해 주어 고마웠다. 수술 후 엄마는 입원이 불가피했고, 아빠는 병간호를 해야 하는 상황이라서 상가를 비워 둘 수가 없어 고민 중에 있을 때에 네가 나서서 가게를 보겠노라 했다.

너에겐 임용고시 준비 등 1초가 아까운 시간인데 방학 중에 하루도 쉬지 않고 상가에서 물건을 판매했다. 그런 네가 고맙기도 했지만, 임용고시에서 떨어지면 어쩌나 하는 생각에 한편으론 걱정이 더 많았단다.

이런 악 조건 속에서 수험공부를 제대로 하지 못하고, 너는 임용고

시에 응시를 해서 합격여부를 발표하던 날, 잘못되면 부모 탓이라는 생각에 두려워 전화로 확인을 할 수가 없었다. 초조와 불안 속에 있을 때 너의 작은아빠가 합격자 명단에 네 이름이 있다고 전화로 알려와서 기쁨의 눈물을 흘렸다.

그 순간이 내 생애 최고 기쁨의 순간 이었다.

사랑하는 딸 지숙아!

지성이면 감천이라고 너의 이러한 효심이 하늘에 통했는지 현대의학에서도 어렵다고 했던 엄마가 건강을 되찾고 제2의 인생을 활기차게 살고 있으니 아빠는 정말 기쁘고 행복하다.

너는 초등학교 때도 적은 용돈을 아껴서 엄마 아빠 기념일에 선물을 하고, 깨알 같은 글을 써서 삶의 희망과 용기를 주었다. 떨어진 운동화를 성화를 대야 바꾸던 사치를 모르는 너였다. 어떤 친구든 차별하지 않고 잘 대해 주는 인간미 넘치는 너를 보면서 아빠보다 한수위인 것 같아 기뻤다.

아빠는 장남으로 태어나 가정경제와 동생들 결혼까지 신경쓰다보니 어느 날 훌쩍 커 버린 3남매 내 자식들에겐 잘 해주지 못했구나 하는 후회뿐이란다. 그럼에도 올 곧게 자라 각 직장에서 자리 매김하고 이제는 오히려 엄마 아빠 건강을 걱정해주는 너희들에게 그저 감사할 따름이다.

사랑하는 딸 지숙아!

아빠는 요즘 고민 아닌 고민을 한단다. 그 고민은 너도 결혼적령기가 되었으니 네가 결혼하는 날 어떻게 하면 눈물을 참을 수 있을까? 하는 고민이란다. 나이가 들면 눈물샘이 말라 눈물이 적을 줄 알았는데 TV에서 안타까운 장면이 나오면 나도 모르게 눈물이 주르르 흐르니 말이다.

이제 아빠는 너와의 헤어짐이 아닌 아들 같은 든든한 사위가 생겼음을 기뻐하는 생각으로 바꾸고 웃음으로 너를 보내련다. 지숙아, 우리의 딸로 태어나 주어 고맙다.

그리고 사랑한다.

– 어버이날에

장춘에서 온 편지

1989년 3월 김포공항 대합실 나와 가족들이 피켓을 들고 홍콩을 경유, 중국에서 오는 여객기에서 내리는 누군가를 애타게 기다리고 있다. 출구를 나오는 대다수 탑승객들은 한결같이 잿빛 작업복과 같은 허름한 옷을 입은 중국에 거주하는 우리 조선족들이라고 했다. 그때만 해도 중국과 우리나라가 국교정상화가 이루어지지 않아서 직항로가 없어 우리 동포들이 홍콩을 경유經遊, 일자리를 찾아서 우리나라로 돈을 벌기 위해 물밀듯 들어왔다.

출구를 나오는 탑승객이 뜸할 즈음 양복을 입은 중년신사와 투피스 차림의 부인이 무거운 듯 여행가방을 끌고 나오고 있었다.

나는 직감으로 우리가 기다리던 외삼촌 내외라고 짐작은 했지만 50여 년 만에 대하는 처음 본 모습이라서 선뜻 다가가지를 못했다. 피는 물보다 진하다고 했던가? 누나인 어머니가 내 동생이 틀림없다며 먼저 달려가고 있었다. 피켓을 든 우리를 보고 외삼촌 내외도 환한 미소를 지으며 걸어오고 있다.

어머니는 죽은 줄만 알았던 동생을 얼싸안고 기쁨의 눈물을 흘렸고 온 가족이 재회의 기쁨으로 눈가에 이슬이 맺혔다. 외삼촌은 짐이 많아서 통관수속을 하느라 늦어졌다고 했다.

외삼촌의 고향은 가수 현숙의 고향인 전북 김제시 월촌동이다. 2남2녀의 막내로 태어났다.

외삼촌은 일제 강점기 장남인 큰외삼촌이 징집대상자로 통보서가 나와서 외할아버지가 장남 대신 차남인 16세의 막내 외삼촌을 대신 보냈다고 했다. 외할아버지는 어린 나이라서 돌려보내 줄줄 알았다고 했다. 그러나 그길로 막내 외삼촌은 끝내 돌아오지 못했고 생사도 확인할 길이 없었다.

1945년 해방 이후에도 돌아오지 않고 소식도 알 길이 없어 전쟁터에서 사망 한 것으로 생각하고 사망신고를 했다고 한다.

외삼촌은 일제강점기에 일본군에 소속되어 북한을 거쳐 만주벌판에서 갖은 고생을 하다가 그곳에서 해방을 맞이했다고 했다. 해방 후 그곳에서 중공군에 편입되어 군의관으로 1958년 6월 25일 동족상잔의 전쟁에 참전, 남한강까지 내려왔었다고 했다. 고향으로 가려고 탈출할 기회를 엿보다가 여의치 않아 종전終戰후 중국으로 다시 들어가 간호장교였던 외숙모와 결혼 1남 2녀의 자녀가 있다고 했다.

외삼촌이 우리 가족과 재회하기까지는 드라마 같은 사연이 있었다. 1989년, 그 시기에는 중국과 우리나라가 외교관계가 없어서 홍콩을 통해서 편지가 전달되던 시기였다. 외삼촌은 고향이 그립고 가족들이 보고파서 기억을 더듬어 고향주소로 편지를 몇 번 보냈다고 했다. 그러나 큰외할아버지와 외삼촌이 모두 돌아가신 후 가족은 고향을 떠났고, 살던 고향집이 빈 집으로 남아있어서 편지가 제대로 전달될 수가 없었다. 그래도 단념하지 않고 끈질기게 보낸 편지가, 어느 날 길가에 떨어져 있는 것을 집 앞을 지나가던 외삼촌의 친구가 발견했다고 한다.

죽은 줄 알았던 친구가 가족을 찾는 편지임을 알고 가까운 지역에 살던 나의 주소를 수소문하여 편지를 전해 주었다.

나는 죽은 줄 알았던 외삼촌이 살아 있음을 감사하면서 서둘러 항공권과 함께 초청장을 보내 오늘 극적인 상봉을 하게 된 것이다.

강대국들의 이해관계로 우리 조국이 원하지 않는 분단이 되고 이로 인해서 이산가족의 아픔을 안고 사는 사람들이 많다. 고향과 가족을 지척에 두고 오고가지 못하는 이산가족들은 얼마나 애가 탈까?

우리 가족도 편지를 전해준 외삼촌 친구의 관심과 배려가 없었으면 죽은 줄만 알고 영원히 만나지 못하고 말았을 일이다. 재회의 기쁨을 안겨준 외삼촌 친구에게 다시 한번 머리 숙여 감사를 드린다.

무임승차

내가 살고 있는 곳에서 7킬로미터쯤 떨어진 거리에 기차역이 있다. 멀리서 증기 기관 열차 기적 소리가 들리면 언제 저 기차를 타 볼 수 있을까 늘 생각했었다.

1955년 가난 때문에 대다수 사람들이 살기 힘들었던 초등학교 2학년 여름방학 때 기회가 왔다. 이웃집 중학생 선배가 기차를 태워 줄 테니 자기를 따라 오라고 했다. 선배는 기차를 타본 경험이 많은 듯했다.

차가 지나가면 뿌연 먼지가 춤을 추는 7킬로미터의 비포장도로를 기차를 탄다는 설렘으로 힘든 줄도 모르고 기차역까지 땀을 흘리며 선배를 따라 걸었다.

기차역에 도착하자 선배는 자기 지시에 따라 신속하게 행동하라고 했다. 선배는 기차가 홈에 들어와서 정차 하자 나에게 뒤따라오라는

신호를 하고 재빠르게 역사 옆의 허술한 울타리 뚫린 구멍으로 들어갔다. 선배를 따라 반사적으로 열차에 오른 나는 선배를 놓칠세라 바짝 등 뒤에 섰다. 기차에는 전철처럼 양쪽으로 놓여진 의자에 승객들이 앉아있고 통로에도 많은 사람들이 서 있었다. 선배는 누구를 기다리는 것처럼 출입구 쪽을 뚫어져라 쳐다 보고 있었다.

잠시 후 칙칙폭폭 칙칙폭폭 하얀 증기를 내뿜으며 기차가 움직이기 시작했다. 얼마를 달렸을까? 신기한 눈으로 이곳저곳을 살피고 있는 나를 선배가 잽싸게 손을 잡아 당겼다. 선배는 자세를 낮추더니 한쪽 창 옆으로 승객들이 앉아 있는 의자 밑으로 나를 끌고 기어 들어갔다. 겁을 먹고 의자 밑에서 숨을 죽이고 있는 동안 웅성웅성하던 소리가 잠잠해지더니 의자에 앉은 승객이 검표원이 지나갔으니 나오라고 했다. 이렇게 해서 무사히 다음 역까지 갈 수가 있었다.

어려웠던 시절 어린 나이였고 기차를 처음 타 본다는 기분에 들떠서 나쁜 일일 것이라는 생각은 하면서도 무임승차를 하게 되었다. 나의 처음이자 마지막 기차 무임승차 행각은 겁이 나서 단 1회로 막을 내렸다.

그 이후 나이가 들면서 과거의 무임승차를 속죄라도 하듯 업무나 여행 친지들의 애 경사 등 나들이를 할 때는 안전하기도 해서 기차를 많이 이용했다. 기차를 타면 차창 밖으로 스치는 바람에 가녀린 코스모스가 하늘거리고 노랗게 익은 벼들이 물결치면 포근한 엄마의 품처럼 정겨웠다.

기차 내에서 옆 좌석의 승객과 쉽게 친해지며 찐 계란이나 오징어 땅콩을 안주삼아 맥주잔을 주거니 받거니 정을 나누고 이야기꽃을 피우며 여행이 지루한 줄을 몰랐다.

얼큰히 취기가 오르면 언성이 다소 높아지고 어린이들이 떠들어도 주위사람들이 이해 해 주었다. 서울까지 5시간 이상 걸리는 완행열차의 통로에는 서 있는 승객과 자식들에게 줄 짐 보따리들이 즐비하니 열차 안은 무질서하게 보이지만 그곳엔 따뜻한 정이 있었다.

"잘있거라 나는 간다 이별의 말도 없이 떠나가는 새벽열차 대전 발 0시 50분." 대전역 에서는 호남선과 경부선 등이 교차하면서 약간의 정차시간이 있었다. 기다리는 여유시간에 뜨거운 멸치국물에 말아 주는 국수 한 그릇을 사서 후루룩 들이키면 꿀맛이었다. 지금도 대전역을 지나려면 그때 생각이 나서 입맛을 다신다. 오징어 땅콩 맥주 있어요. 삶은 계란 있습니다. 김밥." 추억과 낭만이 서린 완행열차가 사라져 그 시절 듣던 홍익회 판매원의 정겨운 목소리도 그립다.

개개인의 편익을 위해 기차여행도 또 시대의 요구와 흐름에 따라 많이 변하고 있다. KTX 등장으로 전국이 1일 생활권으로 시간도 단축되었고 안전과 시설 서비스 면에서도 옛날과는 비교가 되지 않을 만큼 좋아졌다.

옥에 티라면 일반 열차 내에 여행 중 우리의 내면을 살찌울 교양서적 비치와 TV 시청이 다양화되었으면 하는 아쉬움이 있다.

경제성장과 국민의식 성숙으로 무임승차가 근절 된 줄 알았는데 보도에 따르면 부정 무임승차가 현재까지 지속되어왔고 작년에도 15만 여건의 부정무임승차가 있었다니 놀라울 뿐이다.

기차 내외의 환경개선과 교통복지를 위해서라도 부정 무임승차가 하루 빨리 근절 되어야지 싶다.

비명에 죽어간 소의 명복을 …

내가 소와 인연을 맺은 것은 1970년대 초반 축산업을 하던 친구로부터 권유를 받고부터다.

외국에서 도입된 젖소 두 마리를 분양 받고 한우 송아지 세 마리를 샀다. 자영업을 하면서 부업으로 시간을 쪼개어 2년 동안 정성껏 키웠다. 그러나 내가 소를 입식한 이후로 소값이 계속 내리고 설상가상雪上加霜으로 사룟 값이 자주 인상 되었다.

자영업을 하면서 소를 키운다는 게 너무 힘들었다. 이렇게 고전苦戰중이던 무더운 여름날 우리 축사에 있던 젖소 한 마리가 끈이 풀리면서 이웃 축사에 딸린 방으로 들어갔다는 연락을 받고 놀라서 달려갔다. 여름이라 방문을 열어놓았는데 방안에는 우직한 소가 아기를 밟지 않고 지켜보는 듯 가만히 서 있는 게 아닌가? 놀란 가슴을 쓸어안으며 긴장 속에 조심조심 아기를 안고 나왔다.

만약 소가 아기를 밟기라도 했으면 어쩌랴 싶으며 소가 영특한 동물임을 그때 처음 실감했다. 십년감수十年減壽 아찔한 생각이 들어 더 소를 키울 생각이 사라져서 2년 남짓 정들었던 소를 원금보다 손해를 보고 팔았다.

어려웠던 시절 시골농가에서 재산 증식의 일환으로 한두 마리씩 소를 길렀다. 어려웠던 시절 아들딸들의 대학등록금을 마련하려고 소를 내다 팔기도 했었다. 그래서 대학 상아탑을 우골탑牛骨塔이라고 하는 새로운 유행어가 나오기도 했다.

내가 소속되어 활동하던 봉사단체에서는 1960~70년대, 농촌 살리기 운동의 일환으로 송아지 입식사업을 하기도 했다. 송아지 한 마리를 농가에 주면 그 농가에서 잘 키워 새끼를 낳으면 다시 받아서 다른 농가에 분양하는 사업이었다. 그 소들이 증식해서 농촌 살림에 많은 도움이 되기도 했다. 이렇듯 소는 우리와 한 식구처럼 가까운 아주 유익한 가축이었다. 그래서 농가에서는 한 식구처럼 애지중지하며 좋은 꼴을 베어다 주기도 하고 낮에는 강가나 강둑에서 풀을 뜯기도 했다.

석양에는 따끈하게 소죽을 끓여 주기도 하고, 힘이 없어 보이면 낙지와 뱀을 먹이기도 했다.

소는 경운기와 트랙터가 없던 시절에 논밭을 갈고 농사일을 도왔고 달구지를 끌며 유일한 시골의 교통수단이 되어 주기도 했었다. 그러나 지금은 농기계의 발달로 소는 재산증식의 대상으로 애정 없이 볏짚과 사료를 던져주면 그만이다. 물론 지금도 정성껏 키우는 분들도 있겠지만 식구 같은 연대감도 없고 오직 경제적 대상일 뿐 대개는 다 그렇다.

그 시절에는 소규모로 농가마다 소를 한두 마리씩 정성껏 사육하였기에 광우병이나 구제역도 모른 채 잘 자라주었다. 소가 병으로 죽는 것은 극히 드문 일이었다.

지금은 한정된 공간 축사에서 사육하니 운동량과 일조량이 부족해서 병에 대한 면역력이 약해졌고 환경오염으로 인한 기후변화와 발달된 교통수단 때문에 전염이 빠른 것이 아닐까?

예전부터 우리에게 여러 가지 유익을 주는 가축이 바로 소다. 구제역이라는 전염병이 발생한 지역에서 반경 5킬로미터 이내의 모든 소를 살처분한다고 한다. 그것도 생매장을 한다고 하니 소름이 돋는다. 소는 말 못하는 짐승이지만 그 큰 눈에서 피눈물을 흘리며 죽어갈 때 얼마나 인간들을 원망했을까?

우리와 똑같은 생명체로 태어난 소들이 전염병 때문에 지능을 가졌다는 인간들에 의해 건강한 소도 억울하게 죽어야 하니 정말 안타깝기 그지없다.

2백만 마리가 죽어서야 백신접종을 하는 까닭은 무엇이며, 왜 좀 더 빨리 대처하지 못했을까?

급박한 상황에서도 청정지역을 고집해야 하는가? 탁상 행정이 아닌 발 빠른 대응으로 초기에 왜 막지 못했을까? 정말 소 잃고 외양간을 고쳐야 하는가?

자그마한 개구리까지도 환경법으로 보호한다며 남획을 법으로 규제하면서 인간에게 많은 기여를 하는 소는 왜 살처분하는지 이해하기 어렵다.

도대체 동물 애호가들은 다 어디로 갔단 말인가?

뭇 인간들이여! 지하에서 큰 눈망울로 닭똥 같은 눈물을 흘리며 음~메에 처절하게 울부짖는 누렁이의 울음소리가 들리지 않는가?

한 식구처럼 키우던 소를 살처분해야 하는 축산 농가와 담당 공무원들이, 안타까움에 다시는 울지 않기를 기대하며, 삼가 비명에 죽어간 소들의 명복을 빈다.

누렁이의 하소연

우리는 만물의 영장이라고 자처하는 인간들의 필요에 의해서 농경 사회에서 길들여져 그들에게 지금까지 많은 기여를 했다. 오랜 세월 한 울타리 안에서 인간들과 동거하며 어려웠던 시절에 농사일을 거들며 생일날이나 명절에 유일한 단백질의 공급원이 되어 주었다.

농사일 등을 도왔고 유일한 교통수단이 되어 주기도 했다. 재산 증식과 자녀들의 대학등록금 마련은 물론 재산목록 1호로 가족처럼 귀하게 대접받기도 했다.

논밭갈이로 지쳐 보이면 수고했다고 등을 긁어주며 보리쌀을 삶아 주기도 하고 뱀이나 낙지를 특식으로 제공받기도 했다. 한때는 시냇가 제방 뒷동산에서 한가로이 꼴을 먹으며 여유로운 생활을 하기도 했다. 그러나 문명이 발달 하고 산업사회로 전환되면서 각종 문명의 이기인 농기계가 쏟아져 나오면서 한 울타리 안에서 기거하던 우리들은 대문 밖 축사로 서서히 내몰리기 시작했다.

단란한 핵가족 생활에서 대형 축사로 내몰리면서 한정된 공간에서 집단集團으로 공동체 생활을 하게 되었다. 주위환경은 깨끗해지고 먹을거리도 질적으로 나아졌지만 논과 밭을 갈며 달구지를 끌던 우리가 일자리를 잃고 살만 찌우는 백수가 되었다.

몸은 편해졌지만 꼭 필요한 존재로 가족처럼 소중하게 여기던 우리들을 그들은 단순히 돈이 되는 경제적 대상으로 전락 시키고 말았다. 적당한 노동과 운동으로 건강한 삶을 살던 우리가 오직 비육을 목적으로 경제적 이윤을 추구하는 주인에 의해서 놀고먹으며 과체중으로 고생하며 살고 있다.

자연스러운 성적 욕구도 원하지 않는 인공수정으로 시도 때도 없이 임신을 하게 되고 모든 것이 우리들 마음대로 할 수가 없다.

아무리 세월이 가고 시대가 변했다 해도 산술적 계산으로 정이 없이 던져주는 먹을거리가 어찌 우리들에게 피가 되고 살이 되겠는가? 이러한 불행한 환경에서 살아야 할 삶의 의지도 없이 먹고 살만 찌우는 우리가 면역력이 약해 각종 질병에 걸리는 것은 불 보듯 뻔한 일이 아닌가? 이런 우리들의 생육환경을 이해하지 못하면서 우이독경牛耳讀經이라며 우리를 비하하는 인간들의 독선이 우리들 눈엔 더 꼴불견이다.

경남 김해에서 기원전 1800년경으로 추정되는 우골이 발견됨으로

써신석기 시대부터 우리와 인간들은 공존한 것으로 전해지고 있다. 그 이후 무분별한 도살屠殺로 인해서 개체수가 줄어들자 소 잃고 외양간 고치는 식의 보호법이 고구려시대에도 있었고 1947년 미군정령으로 도살금지령이 내려지기도 했다고 한다. 일제강점기와 6 · 25 전쟁을 겪으면서 농경에 지장이 있을 정도로 수가 급격히 줄어들자 한우증식 정책을 펴며 한우 보호지역을 정하기도 했다.

우리가 해괴한 질병에 걸리면 우리들 탓인 양 나치독일 히틀러가 유태인과 슬라브 민족 수백만을 학살하듯 죄 없는 동료들을 구제역 예방조치라며 생매장 살처분으로 죽어갔다.

우리는 죽어서도 가죽은 각종 피혁 제품에 사용되고 고기와 뼈 내장 등은 양질의 먹을거리로, 축분丑糞까지도 퇴비로 사용되는 등 버릴 것이 하나 없이 인간 사회에 기여를 하고 있다. 그럼에도 전염병이나 구제역의 근본원인을 찾으려는 노력은 더 아니 하고 말 못하는 미물이라고 우리에게 모든 질병의 책임을 물어 만행을 저지르고 있다.

이렇듯 일말의 양심의 가책도 없이 달면 삼키고 쓰면 뱉어버리는 배은망덕한 행위가 얄밉고 야속하다.

만물의 영장이라고 자처하는 인간들이여, 우리도 한 생명체이거늘 언제까지 우리를 괴롭히려 하는가?

왕방울 같은 두 눈에서 피눈물을 흘리며 죽어간 우리 원혼들의 통곡 소리가 들리지 않는가? (2011.4.12.)

실버 만세

일제 강점기 해방둥이로 태어난 철수는 가난했지만 어머니의 지극한 사랑 속에 자랐다. 1950년 북한의 남침으로 발발한 6 · 25전쟁 당시 어머니의 애원에도 빨치산이 여덟 식구의 한달 양식을 강제로 빼앗아 가는 것을 이불 속에서 무서움에 떨며 보았다.

1960년 이승만 정권의 독재와 3 · 15 부정선거 4 · 19 학생의거에 이르기까지 어수선한 어린 시절을 보냈다. 가난과 혹독한 가뭄으로 먹을 것이 없어 초근목피草根木皮 허리띠를 졸라매며 어렵게 살았다.

그는 1961년 5 · 16군사쿠데타 1980년 5 · 18 광주 민주화 운동 등 혼돈과 질곡의 성장기를 세월을 보낸다. 6남매의 맏이인 그는 징집명령을 받고 입대하게 된다. 군 생활 중 월남전이 발발 월남 파병용사로 지원을 한다. 절대복종의 군 명령이기도 했지만 설혹 전쟁터에서 전사戰死해도 가난한 가족들에게 도움이 되리라 생각했다.

고열과 독충이 득실거리는 전쟁터에서 1년여 군 임무를 무사히 마치고 귀국하여 전역 후 고향에 돌아오게 된다. 그는 장남이라서 고향을 떠나지 못하고 어머니 곁에서 자영업을 하며 동생들을 돌본다. 동생들도 출가 시키고 자영업도 자리가 잡혀 결혼도 해서 3자녀를 둔다. 그러던 어느 날 호사다마好事多魔라고 버팀목처럼 의지하던 어머니가 갑자기 돌아가신다.

허탈감으로 심한 우울증에 빠진 그를 치료하기 위해서 아내와 친구들이 협력해서 말동무도 해주고 산과 강 음식점 등을 돌아다니며 무진 애를 쓴다.

인근에 노인 복지관이 신축되자 친구들이 복지관에 같이 가서 회원으로 등록하고 여러 가지 프로그램에 참여 시킨다. 흥미를 느낀 그는 컴퓨터, 탁구, 난타 등을 하면서 웃음을 찾게 된다. 점차 우울증에서 벗어난 그는 1년 후엔 정상으로 돌아오고 컴퓨터 실버미디어 영상반에서 영화를 만들어 노인 영화제에 출품 상을 받게 된다.

※ 이 영화는 제 9회 정읍 전국 노인 영화제에서 장려상을 수상했다.

때늦은 회한 悔恨

"따르릉!" 전화벨이 요란스럽게 울렸다. 수화기를 들자 다급한 목소리의 요양원 관계자가 ○○종합병원 응급실로 급히 오라고 했다. 예감이 안 좋아서 황급히 병원으로 차를 몰았다.

병원 응급실로 들어서자 요양원 관계자가 커튼으로 사방이 가려진 침상을 가리켰다. 요양원에서 요양사가 병실을 돌아보다가 어머니의 상태가 안 좋아서 이곳으로 모셨다고 했다. 황급히 커튼을 밀치고 들어서서 하얀 천을 들치니 눈을 감은 표정 없는 어머니의 모습이 보였다.

숨을 거두신 지 시간이 흐른 듯 싸늘한 체온이 손끝으로 느껴졌다. 임종도 지켜드리지 못한 불효자식, 기가 막혀 눈물도 나오지 않았다. 때늦은 회한으로 하늘이 무너진 듯 가슴만 먹먹했다.

"무명치마 졸라매고 호미자루 벗을 삼아/
한평생 모진 가난 참아내신 어머니
땀에 젖은 삼베적삼 기워 입고 살으시다
학처럼 선녀처럼 하늘 가신 어머니"

어머니는 18세에 5살 위의 아버지와 결혼하셨다.

일제강점기 강제징용으로 큰아버지와 함께 일본 탄광으로 가족이 함께 강제이주를 당했다. 그곳 탄광에서 노역을 하다가 해방되던 해 고국으로 와서 나를 낳으셨다고 했다.

집안의 막내로 태어나신 아버지는 판소리, 단가 등을 구성지게 부르시며 풍류를 즐기며 낙천적인 성격이어서 집안 살림에는 소극적이었다. 그런 아버지 때문에 어머니는 생활고와 마음고생까지 이중고를 겪어야 했다. 한 마을에 사셨던 큰아버지의 도움을 많이 받았으나 큰아버지의 사업 실패와 흉년 또 6·25전쟁으로 혹독한 가난과 싸워야 했다.

부지런하셨던 어머니는 자식들을 굶기지 않으려고 논밭을 오가며 온갖 애를 다 쓰셨다. 설상가상 출가한 누나가 젊은 나이에 병으로 잘못되어 가슴에 묻고도 내색하지 않으시고 사셨으니 얼마나 힘 드셨을까?

어머니는 장남인 나에게 많이 의지하고 정을 주셨다. 내가 장성해서 징집영장을 받고 출발하던 날, 마을 앞까지 나오셔서 눈물을 글썽이시던 어머니를 보며 눈물을 보이지 않으려 입술을 깨물며 돌아섰다. 또 군 생활 중에 베트남 전쟁 참전 명령을 받고 잠깐 집에 들렀을 때 말을 못하고 돌아서는 나에게, 뭔가 불길한 예감이 드셨는지 “너는 장남이니 전쟁터에 가서는 안 된다.”라고 말씀하셨다. 차마 사실대로 말 할 수 없어서 가지 않겠다고 거짓말로 어머니를 안심시키고 돌아섰다.

베트남 전쟁터로 출발하던 날 꼭 살아서 돌아오겠노라고 미리 써 놓은 편지를 춘천역에서 우리를 환송 나온 학생에게 우체통에 넣어달라고 부탁했다. 그 편지를 받아보시고 많이 놀라셨을 어머니를 생각하면 나는 이미 그때부터 불효자였는지도 모른다.

날마다 정한수 떠놓고 비셨던 어머니의 간절한 기도가 하늘에 통했는지 나는 무사히 1년간 베트남에서의 군 복무를 마치고 귀국하여 전역했다.

전역 후 서울에서 계획했던 일을 해보려 했지만 가까이 고향에 남았으면 하는 간절하신 어머니의 바람 때문에 고향에 남게 되었다.

새마을사업이 한창이던 시기에 고향 면소재지에서 건축자재 자영업을 시작했다.

결혼도 하고 사업도 자리가 잡혀갈 즈음 서울에 살고 있는 잘나가던 남동생의 집들이 초청을 받고 6남매 가족들이 모였다.

동생이 사는 한강이 보이는 전망 좋은 아파트에서 집들이를 하던 날, 그렇게 좋아하시던 어머니가 갑자기 쓰러지셨다. 황급히 병원으로 가 검사한 결과 뇌에 종양이 있다고 했다. 급히 수술을 하지 않으면 두 달을 넘기기 어렵다고 했다. 가족회의 끝에 수술을 서둘렀다. 뇌종양 수술을 받고 두 달을 넘기기 어렵다는 어머니가 회복하셔서 3년 정도 건강한 삶을 사시다가 병이 악화되어 다시 병원에 입원하셨다. 그해 설상가상雪上加霜 아내가 큰 수술을 받게 되자 가족들이 어머니를 간병하기 어려워 요양원으로 모시게 되었다.

어머니는 요양원에 가는 것이 자식들에게 버림받았다는 생각이 드셨는지, 내 손을 잡고 놓지 않으려는 듯 힘을 주며 세상을 다 잃은 듯 절망스러운 표정을 지으셨다. 그런 어머니께 자주 찾아뵙겠노라며 살며시 어머니의 손을 놓고 돌아서며 속울음을 울어야 했다.

어머니는 요양원 생활이 적응이 쉽지 않은 듯 지긋지긋하다며 집에 가고 싶다고 하셨다.

6남매의 자식을 두셨지만 요양원에 계실 수밖에 없었던 어머니는 점점 기력이 떨어지고 기도氣道가 좁아져서 부드러운 음식도 잘 못 드셨다.

어느 날 요구르트를 사들고 간 나에게 어머니는 힘없이 빵이 먹고 싶다고 하셨다. 나는 기도가 막히면 큰일 난다며 요구르트를 드시라며 빵을 사 드리지 않았다.

그날을 마지막으로 어머니는 한 많은 생生을 마감하셨다. 그렇게 돌아가실 줄 알았으면 빵이라도 사드릴 것을 그 빵 한 개가 두고두고 후회로 남아 가슴을 후빈다.

어머니, 날씨마저 스산한 올 설 명절은 어머니가 안 계셔서 더 춥고 쓸쓸했답니다. 어머니가 안 계시니 점차 형제 자매들의 발길도 뜸해졌습니다.

어버이 살아 계실 때 섬기란다, 예부터 일렀거늘 우둔하고 무심한 이 자식 이제야 가슴을 칩니다.

어머니, 무엇이 그리 급하셔서 그렇게 서둘러 가셨나요?

3

산은 옛 산이로되

사랑방

장터 귀퉁이에 허름해 보이는 슬레이트 목조건물, 입구에 부착된 사랑방회 입간판을 지나 방 미닫이문을 밀치니 후끈 열기가 전해진다. 칸막이 양쪽 방에 4명이 한 조가 된 두 팀이 일명 뽕이라는 화투놀이를 하고 주위의 10여 명은 담소하거나 구경을 하고 있었다.

한쪽 벽을 바라보니 태인 사랑방회 조직 기구표가 있었다. 고문 2명, 회장, 총무, 재무 간사, 운영위원 약간명과 감사 1명과 30여 명회원 명단이 보였다.

운영위원인 한 친구가 이곳은 수입과 지출이 투명하게 집행되고 모든 것이 민주적인 방법으로 운영되고 있다고 했다. 여러 정황으로 보아 어느 단체에 뒤지지 않는 합리적 운영을 하고 있다는 느낌이 들었다.

노인정이 적성에 맞지 않는 70~80대 몇 분 어르신들과 50~60대

남녀 회원들이 조화를 이루며 여가를 즐기고 있었다. 집에서 직접 기른 과일과 채소, 농산물 등을 가져와 공동취사형식으로 정을 나누기도 한다고 했다. 초복 등 특별한 날은 특색 있는 음식을 나누고 공적자금이 여유가 있을 땐 1년에 한두 번 나들이를 하는 등 폭넓은 인간관계가 이루어지고 있었다.

2000년대 초에 전국적인 현상으로 티켓다방이 면단위에서도 호황을 누린 적이 있었다. 이곳 시골 작은 면에도 다방이 7~8 군데 있어 아가씨들이 커피를 배달한다는 핑계로 퇴폐 영업을 했다.

한 시간 봉사료가 3만 원, 2차로 장시간 봉사를 요할 때는 10만 원 상당의 금액을 지불했다고 했다.

사무실과 식당 노래방 심지어 일터에서까지 유행처럼 차를 시켜 마셨다. 문화적 공간이 빈약한 면단위 청장년들이 농한기에 다방 차를 마신다는 구실을 내세워 자주 이들을 찾아서 한때 사회적 퇴폐풍조로 지탄을 받기도 했다. 그러나 2004년 성매매 특별법이 제정되고 단속이 심해지자 티켓다방은 점차 사라지고 현재 이곳엔 아가씨가 있는 다방이 한 곳도 없다. 요즘 신문 방송 보도에 따르면 10여 년이 지난 요즘도 서울 근교 소 도읍에서 옛날의 티켓다방 형태의 영업행위가 기승을 부리고 있다고 한다.

지금은 여종업원이 대부분 중국 출신 조선족이거나 한족 여성들이라고 하니 퇴폐영업이 되살아나는 것이 아닐까 염려스럽다.

요즘 면 단위 50~60대 초반의 연령층은 농한기에 마땅히 가서 쉴 만한 곳이 없다. 연령 미달로 복지관이나 노인정에 갈 수도 없고 그렇다고 다방에서 긴 시간을 무료히 보내기도 그렇다.

마땅한 문화공간이나 취미활동을 할 곳도 없어 잘못하다간 우울증에 걸리거나 퇴폐업소를 찾아나설 수밖에 없는 실정이다. 이런 때에 태인 사랑방회의 탄생은 사각지대에 있는 계층들이 서로 정을 나누며 재충전할 수 있는 쉼터 일 듯싶다.

일부 사람들은 이곳을 퇴폐적인 공간인양 곱지 않은 시선으로 바라보기도 하지만 이곳 회원들은 건강한 삶을 살고 있다는 긍지와 자부심이 대단하다. 다소 무질서하게 보이기도 하고 게임 중 작은 다툼도 있지만 이런 삶이 인간 냄새가 나는 진정한 삶이 아닐지 싶다.

대다수 정치지도자와 지자체장들은 선거철만 되면 상생과 소통을 외치지만 탁상 행정에 그치고 있다. 사각지대 소외계층이 없도록 다양한 연령층의 쉼터 형식의 시설이 시골지역에 유치되도록 정부와 지자체의 적극적인 대책과 지원이 있어야지 싶다.

왼손이 한 일 오른손이 모르게

파리와 모기가 극성을 부리고 각종 전염병이 염려스러운 여름이면 하얀 연기를 내뿜으며 마을 골목골목을 누비는 차량이 있다. 차량소리가 들리면 동네 꼬마들이 기다렸다는 듯 모두 뛰어나와 그 뒤를 따르며 반긴다. 태인에 있는 동심회同心會 회원들의 여름 방역차량 모습이다.

태인 동심회는 1989년 5월6일 지역청년들이 한마음이 되어 결성된 단체로 현재 60여 명의 회원들이 활동하고 있다. 창립과 동시에 면민들의 화합을 위해 리 대항 축구대회 전화번호부 발간 배포와 명절 무연고 묘지 벌초를 해주기도 했다. 이외에도 소년소녀 가장 돕기와 모범 청소년에게 장학금 등을 전달하며 자라나는 청소년들에게 꿈과 희망을 주어 귀감이 되고 있다.

1991년 여름부터 지역주민의 보건환경 개선과 각종 해충으로 인한 질병을 예방하기 위한 방역기계를 구입하여 2013년까지 총 23회의 방역을 실시했다.

회원들의 대부분이 영농인으로 자기 농사일도 눈코 뜰 사이 없이 바쁜데 전 회원이 교대로 방역하는 것이 쉬운 일이 아니다.

2000년과 2001년 구제역 발병 시에는 인근지역까지 방역을 실시, 그 공을 인정받아 보건복지부 장관상을 받기도 했다. 이에 그치지 않고 2002년 태풍피해가 심했던 속초시와 양양군을 찾아가서 방역 및 근로봉사를 해서 그해 정읍시로부터 방역 우수단체로 선정되어 감사패를 받기도 했다고 했다.

자원봉사의 기원은 로마시대 인간 이하의 대접을 받던 불우한 사람들을 한 사람이 도우면서 시작된 것으로 전해지고 있다.

태인 명봉도서관에 소장되어 있는 500년 마을의 약속 고현동 향약에 의하면 불우헌 정극인(1401-1481)이 성종 6년에 서로 질서를 지키고 어려운 사람을 돕자는 규약을 만들었다고 한다. 기록처럼 태인에서는 이때부터 이미 봉사활동을 한 셈이다.

봉사활동이 본격적으로 전개된 시기는 기독교와 민주주의 문물이 들어오면서 시작되었고, Y.M.C.A 창립과 적십자운동, 1986년 아시안게임, 1988년 올림픽을 통해서 자원봉사가 활발히 전개되었다. 그러나 기업이나 개인의 홍보를 위해 사진을 찍어대며 진정성 없는 형식적인 봉사나 이웃돕기는 보는 사람의 눈살을 찌푸리게 한다.

공인된 봉사단체도 아닌 면 단위 시골 자생 단체에서 넉넉하지 않은 재정에도 고향을 지키며 왼손이 하는 일을 오른손이 모르게 묵묵히 봉사해온 태인 동심회 회원들이야 말로 이 시대 진정한 봉사자가 아니겠는가?

방역을 하기 위해선 약품구입대금과 차량 유류대금이 많이 소요된다고 했다. 시로부터 다소의 지원은 받지만 충분치 않아서 어려워 보이므로 지자체의 각별한 관심과 지원이 있어야겠다. 젊은이들의 이농離農으로 노인세대와 빈집만 늘어 퇴락해가는 시골이다. 어려운 환경에도 드러내지 않고 봉사하는 동심회 회원들과 같은 아름다운 이웃들이 있어 사회가 따뜻하고 훈훈하다. 연말연시 가슴 시린 이들과 소외된 내 이웃은 없는지 서로 살피며 진심 어린 봉사와 나눔이 있어야지 싶다.

한글날에

1989년 내가 봉사단체 회장을 고사苦辭하다가 순서에 따른 순리라는 회원들의 강한 압박으로 회장직을 맡게 되었다. 봉사의 우선순위와 내 이웃을 위해 무엇을 할 것인가를 고심하다가 독거노인獨居老人 위안잔치와 어려운 결손가정을 찾아가 청소도 해주고 도배와 장판교체, 전기 · 가구 수선 등을 숙의 끝에 봉사사업으로 선정하였다. 또 의외로 한글을 모르는 사람이 많다는 것에 착안着眼하여, 한글을 배울 수 있도록 주선할 것을 결정하고 우리 클럽의 회원인 여중학교 교장 선생님께 한글 교육을 부탁했다.

교장선생님은 좋은 생각이라며 무보수로 손수 가르치고 교실도 학교에서 마련해 주겠다고 쾌히 승낙을 했다. 천군만마를 얻은 개선장군처럼 돌아온 나는 계획을 세우고 일을 진척시켰다.

한글반 학생 모집을 위해 면사무소 이장회의에 나가 취지를 설명하고 학생모집에 협조해 달라고 부탁을 했다. 그러나 한글도 모른다는 자신의 신분이 노출될까봐 어르신들과 일부 중년층이 한글 배우기를 꺼린다고 했다.

일제 강점기와 1950년~1960년대에 어렵게 살던 시절, 때를 놓쳐 배우지 못한 것이 무슨 흉이 되겠는가?

한글반 학생 모집을 하면서 의외로 40~50대 젊은층도 문맹자가 많은 것을 알게 되었다. 이웃의 면까지 가서 수소문하고 설득해서 어르신학생 15명이 등록을 했다. 그런데 학교까지 오가는 교통수단이 문제였다. 대부분 4킬로미터의 반경에 살고 있지만 연세가 많아서 걸어 다니는 것은 무리였다. 대중교통도 시간이 맞지 않아 어렵다고 했다. 회원들의 차를 이용할까 생각도 했지만 회원들도 농촌의 바쁜 일손들이라 시간을 내기가 어렵다고 했다. 또 여러 회원들이 번갈아 가며 운전하다보면 교통사고의 위험을 생각 하지 않을 수 없었다. 궁여지책窮餘之策으로 내가 자영업을 하면서 사용하는 1톤 트럭을 통학버스로 사용하기로 결정하고 주 5일 낮 수업이 시작되었다.

트럭 뒤에 사람을 태우는 것이 법으로 금지되어 있지만 간간이 시골에서는 농사일이나 성묫길에 트럭 뒤에 사람이 탑승해도 사고가 아니면 크게 문제 삼지는 않았다.

나의 트럭 통학버스 운행이 계속되던 어느 날 수업을 끝낸 어르신 학생들을 태우고 달리는데 경찰차가 경광등을 켜고 뒤쫓아 오다가

앞으로 나오면서 정지시켰다.

한글교육의 어려움을 자초지종自初至終 얘기했더니 아무리 좋은 일을 한다 하더라도 불법이니 다음부터는 다른 방법을 찾아보라고 했다. 그러나 한 글자라도 더 배우려고 열심이신 만학도 할머니들을 위해서는 다른 방법이 없어 예전대로 불법 운행을 할 수밖에 없었다.

간간이 회원들이 비 오는 날에는 승용차나 봉고차를 운행 해주어서 큰 문제없이 1년 동안의 한글 교육을 무사히 끝낼 수 있었다.

어르신들은 낫 놓고 기역자도 모른다는 설움을 떨치려고 성치 못한 몸이지만 무척 열심이었다. 배우지 못한 한을 풀기라도 하듯 열심이었던 만학도 할머니들이 한글을 배운 뒤 무척이나 좋아하셨다.

한글을 아니까 마치 두 세상을 사는 것 같다고도 했다. 한글을 모를 때는 대필 편지를 써야 했고, 전화를 할 때도 이웃 신세를 져야 했다.

대중교통을 이용할 때도 주위 사람들에게 몇 번이고 행선지를 물어야 했으니 얼마나 불편하고 고통스러웠을까? 그 뒤에 후배 회장이 뒤를 이어서 1년 동안 한글반을 운영하다가 교장 선생님의 정년퇴임으로 중단되었다.

이후에는 시골에도 노인복지회관과 여성회관 등이 신축되고 이곳 저곳에서 한글반이 개설되어 배우려는 의지만 있으면 누구나 쉽게 한글을 배울 수 있게 되었다.

요즘 그때 한글을 배우셨던 할머니들이 낫 놓고 기역자도 모른다는 한을 풀어서인지 손수 가꾸신 채소나 농산물을 고마웠다며 주고 가기도 한다. 또 자식 따라 서울로 이사하신 할머니가 자식들을 데리고 와 소개하면서, 나로 인해 한글을 배워서 복잡한 서울 생활하는데 큰 도움이 된다고 고마워하기도 한다.

세계적으로 우리 한글이 과학적이고 배우기 쉬운 좋은 글로 인정되면서 세계 각 대학에 한국어과가 늘어나고 있다고 한다. 또 인도네시아의 소수부족 찌아찌아족이 한글을 자기들 부족의 공통어로 선정, 배우고 있다고 하니 자부심이 생긴다.

나도 역시 긍지를 가지고 한글을 더욱 사랑하며 바르게 알고 쓰기 위한 노력을 게을리하지 말아야겠다.

2년 동안 무보수로 열과 성을 다해서 문맹퇴치文盲退治를 위해 한글 교육에 헌신하신 김인만 교장선생님께 깊은 감사를 드린다.

현대판 상록수

전라북도 정읍시 태인면 오봉리 원오봉 부락, 호남고속도로가 지나가는 오봉산 밑에 있는 그리 크지 않는 51세대 110명이 살고 있는 마을이 있다. 이곳이 필자의 고향이다.

어려웠던 1960년~1970년대 한두 집을 제외한 대부분이 소작농으로 찢어지게 가난한 삶을 살았다.

보릿고개인 봄에는 먹을 것이 없어 소나무껍질, 띠 뿌리, 쌀겨 등 허기를 달래기 위해서 무엇이든 먹고 살았다. 설상가상으로 일부 가장들이 도박과 음주가무로 가산을 탕진해서 우리들 어머니 세대는 자식들 때문에 죽지 못해 살았다.

땔감이 없어 가까운 산에 나무하러 올라가면 언제 누가 와서 나무를 해 갔는지 온 산이 빗자루로 청소한 듯 깨끗했다. 그래서 5~7킬로 미터 떨어진 깊은 산에 가서 땔감을 구해 와야 했다. 하루하루 먹을 것을 걱정해야 하는 암울한 생활 속에 젊은이들은 희망을 찾아 하나 둘 도시로 떠났다. 시골마을은 낮에도 거의 사람 보기가 어렵고 아기울음소리나 개 짖는 소리조차 들리지 않는 적막 그 자체다.

고향이 좋다고 그 누가 말했던가? 부모세대가 살다가 죽으면 그 집은 빈집으로 남는다. 시대 흐름에 농촌인구의 감소로 자꾸만 퇴락해가는 고향을 보며 가슴이 먹먹하고 안타깝기만 했다.

전혀 희망이 없어 보이던 원오봉 마을에 요즘 희망의 등불을 밝히는 후배 부부가 있어 반갑다.

김형욱(54) 길보분(50) 부부는 그동안 고향을 떠나 전주에서 토목 및 건축에 관계되는 사업을 하다가 고향에 정착했다. 기존 사업일도 바쁘지만 이장직을 맡아서 퇴락해가는 마을을 일으켜세우기 위해 의욕적으로 혼신의 힘을 다 쏟고 있다. 꽃길을 만들고 마을 입구에 큰 돌로 마을 안내표지석을 세우고 승강장 벽과 담벼락엔 벽화가 그려지며 사라져가는 생활도구들을 모아 마을 박물관도 만들었다.

정읍시에서 공모한 마을가꾸기 사업에 선정되어 1단계 2단계 사업을 잘 마무리하고 3단계사업을 추진 중에 있다. 마을 주민들의 소득사업을 하기 위한 작업장도 지어졌다.

처음엔 반신반의하며 피동적이던 주민들도 이제는 기대감으로 적극적으로 참여하고 있다. 대다수 주민들이 나이가 많아 노동력이 약한 어르신들이지만 협동하면 할 수 있다는 자신감이 생긴 듯했다.

2014년 공동문화 조성사업에 선정되어 2억 원을 지원받게 되었고 2013년 8월 31일 원오봉마을 음악회로 주민 모두의 화합과 친목의 계기를 마련하기도 했다. 전혀 희망이 없고 웃을 일이 없던 마을주민들이 생기 있는 모습으로 변하고 TV 방송에도 출연하여 인기인이 된 듯 요즘 뜨고 있다.

원오봉 마을은 구조적으로 2개 마을처럼 되어 있어서 아랫마을과 윗마을이 보이지 않는 갈등으로 화합하지 못하고 오랜 세월을 이유 없이 반목하며 지내왔다. 이런 환경과 열악한 조건 속에서 마을가꾸기 사업은 무無에서 유有를 창조하는 힘든 일이었다.

그는 매화나무를 심어 마을을 아름답게 꾸미고 감자도 심고 소득사업도 챙기면서 기필코 잘사는 마을로 변모시키겠다며 굳은 의지를 보였다.

왕성한 추진력으로 불도저처럼 각종 사업을 밀어붙이는 그의 곁에는 여우 같이 영특하고 지혜로운 아내가 있다. 그의 아내는 원오봉 마을 인터넷카페를 운영하며 마을 홍보는 물론 각종 사업추진에 조언을 하고 마을의 대소사를 챙기는 등 내조의 여왕으로 열과 성을 다하고 있다.

생기生氣 없던 마을이 현대판 상록수라 칭해도 좋을 젊은 부부의 헌신으로 이렇게 달라질 수 있다는 실례를 보면서 동향인의 한 사람으로 감사와 찬사를 보낸다.

이런 젊은이들이 많이 나와서 떠나는 농촌이 돌아오는 농촌으로 변했으면 하는 소망이 나 혼자만의 지나친 욕심일까?

산은 옛 산이로되

6 · 25전쟁으로 조국은 분단이 되었고 1955년 경제적으로 국민 모두가 힘들어하던 시기였다. 배도 고팠지만 마땅한 놀이 문화가 없던 터라 나는 선배들과 같이 전쟁놀이를 가끔 하기도 했다.

오늘은 청장년 20여 명이 간편한 복장을 갖추고 사랑방 작전처에 모여 민병대 대장을 해주 형님으로 선출했다. 대장을 주축으로 각 조별 조장이 임명되고 적을 포획하여 한 끼의 주부식이라도 해결하기 위한 작전회의를 가졌다.

이날의 작전지역은 마을 뒤에 있는 오봉산이었다. 주위에 낮은 산이 다섯 봉오리가 있어서 오봉산이라 는 지명으로 불려지고 있었다. 작전 회의가 끝난 뒤, 추격 조를 선두로 정상잠복조와 퇴로차단 조 등을 민첩한 청년들로 편성 각 조별로 임무를 부여 하고 작전명령에 따라 적이 은신하고 있는 산으로 이동했다.

눈이 쌓인 오봉산은 온통 소나무와 잡목에 하얀 꽃이 피어 그림처럼 무척 아름다웠다. 발목까지 빠지는 눈들이 그동안 외로웠던지 뽀드득 뽀드득 소리를 내며 우리를 반겼다. 소나무에서 떨어지는 눈꽃이 목덜미로 들어가 차가웠다.

이 지역 지형지물에 익숙한 우리는 낮은 자세로 발소리가 나지 않도록 정숙 보행을 하며 산 아래 대나무 숲부터 수색하기 시작했다. 눈이 많이 내리면 산토끼들이 먹을 것을 구하고저 민가 근처로 내려오기 때문이다.

눈의 무게를 이기지 못하고 축 늘어진 대나무 숲에서 토벌작전이 벌어진 긴박한 상황도 모르고 한가로이 고양이 세수를 하던 몇 마리의 녀석들이 우리의 접근을 눈치 채고 혼비백산하여 후다닥 사방으로 줄행랑을 치기 시작했다. 우리는 그들 중에서 보호색으로 위장하지 않아 하얀 눈 위에서 식별하기 쉬운 잿빛 옷을 입은 녀석을 선별 추격하기 시작했다.

이 날 우리에게 지급된 무기는 나무 몽둥이가 전부였다. 총 지휘를 하는 행동대장 해주 형님이 어디서 구했는지 칼빈 탄알로 급조해서 고무줄로 만든 사제 권총이 진품처럼 그럴싸하게 보였다.

토끼들은 산에서 생활하고 잘 훈련된 녀석들이라서 어찌나 빠른지 쉽게 잡을 수가 없었다. 그러나 그 녀석들에게도 허점이 있었다.

처음엔 용용 죽겠지, 날 잡아보라는 듯 여유 있게 도망쳤지만 하얀 눈 위에 선명하게 발자국을 남기기 때문에 계속 추격 할 수 가 있었다. 나뭇가지에 옷이 찢기고 돌부리에 걸려 넘어지면서도 발자국을 따라 그 들을 쫓아 한 없이 달렸다. 쫓기고 쫓으며 산을 몇 바퀴 돌자 녀석이 지쳐서 점차 거리가 좁혀지고 있었다.

다른 산으로 도망치려 하지만 퇴로 차단조가 퇴로를 차단하고 있기 때문에 어쩌지 못하고 요리저리 피해 도망치던 녀석도 다급한 나머지 산 정상을 향해 젖 먹던 힘까지 쏟으며 도망쳤다. 이때 탕하고 굉음을 울리며 대장이 권총을 발사했다. 그러나 조잡하게 만든 사제 권총이라 관이 파열되면서 대장의 손에 상처만 남겼다.

총소리에 놀란 녀석이 걸음아 날 살려라, 산 정상으로 뛰어올라가자 정상에서 지키던 잠복조가 나무 몽둥이를 휘두르고 함성을 지르며 산 아래로 압박 해 왔다. 올라가던 녀석은 뒤돌아서서 산 아래로 다시도망치려다 몇 발자국 못 가서 그만 나뒹굴고 말았다.

토끼는 앞발이 짧아 오르는 데는 선수지만 뒷발이 길어 내려오는 데는 취약한 탓이다. 나뒹굴며 허둥대는 녀석을 위에서 압박해 오던 잠복조와 밑에서 추격하던 추격조가 협공하여 녀석을 포획하여 개선장군처럼 산을 내려왔다. 이로써 오늘의 산토끼몰이 대작전은 우리의 승리로 끝이 났다.

나는 오랜만에 산소에 갔다가오는 길에 50 여 년 전 그 토끼몰이를 하던 오봉산 정상에 올랐다.

산은 옛 산이로되 분재처럼 보기 좋았던 오래된 소나무도 아그배나무도 다 사라지고 귀가 아프게 재잘대던 산새 소리도 들리지 않았다.
(2010.10.30)

옛것은 사라지고

내가 어릴 적에 살았던 마을 앞으로는 동진강 지류의 농수로가 흐르고 있다. 3미터 내외의 농수로 언덕에는 철따라 개구리와 뱀, 메뚜기, 왕치 등 온갖 곤충과 벌레들이 살았고 농수로의 물속에서는 물장군, 물방개, 게아재비, 물땅땅이, 장구애비, 소금쟁이 등이 유영을 즐겼다. 또 눈금쟁이, 송사리, 붕어, 미꾸라지, 메기, 장어 물고기들이 오순도순 살고 있었다. 나는 무더운 여름이면 친구들과 더불어 흙탕물이 일어나는 그 물속에서 물장구를 치며 놀았고, 자연산 진흙으로 머드 팩을 하기도 했었다. 흐린 물에서 오래 놀아서인지 눈이 벌겋게 되기도 했었다. 이 농수로의 좁은 철근 콘크리트다리 밑에서는 마을 아낙들이 한가로이 밀린 빨래를 하며 수다를 떨었다. 그때는 물고기가 어찌나 많은지 벌거벗고 헤엄치는 우리들의 몸을 쪼아대서 귀찮을 정도였다. 농한기에 농수로에 물이 적어지면 우리는 물막이를 하

고 양동이로 물을 품어내어 물이 조금 남았을 때 잡히지 않겠다고 몸부림치며 팔딱이는 송사리, 붕어등을 잡기도 했고 가끔 메기나 장어, 참게가 잡히면 기쁨은 두 배, 민물고기 매운탕을 끓여먹기도 했었다. 그런데 언제부터인가 그들이 서서히 사라지기 시작했다. 제방과 논둑에 그 많던 메뚜기, 뱀, 개구리 등이 싹쓸이를 당했는지 보이지 않고, 물에서는 물고기가 씨가 마른 지 오래다.

농수로의 언덕도 폐허가 되었다. 살아 움직이는 생명체가 없다. 흐르는 물도 죽은 도시처럼 적막만 흐를 뿐 아무런 움직임이 없다. 살아있는 생명체가 없기 때문이다.

이제야 무소유의 설움을 터득했는지 물은 조그만 수문을 지나며 콸콸 흑흑 때 늦은 통한의 눈물을 흘리며 소용돌이친다.

요즘 시골마을에는 아기들의 울음소리가 사라진 지 오래다. 딱지치기, 구슬 따먹기, 술래잡기, 고무줄놀이 하던 옛 친구들도 생활 터전을 찾아 고향을 다 떠났다. 늙은 부부가 살다가 죽으면 그 집은 폐가가 된다. 뒷산에서 한가로이 울던 뻐꾸기 부엉이 등 온갖 새들은 다 어디로 간 것일까? 대낮에도 나그네가 길을 물으려 해도 사람 만나기가 어렵고 한낮에도 밤처럼 조용하다. 꼬리 치며 반기던 강아지조차도 보이지 않는다. 전에 마을에 혼인잔치라도 있는 날에는 온 동네가 축제 분위기였다.

축의금으로 곡식이나 달걀 몇 개 정도 작은 것들이었지만 거기에는 진심 어린 정이 담겨 있었다. 허드레일을 도와주며 온 동네 사람들이 진심 어린 축하를 해 주었고 준비한 음식을 나누면서 훈훈한 정이 오고갔다.

지금의 결혼 풍속도는 예식장에서 예식 시간과 관계없이 의례적으로 돈 봉투를 내밀고 식당으로 직행한다. 끈끈한 정이 없다. 사람이 죽어 상을 당하면, 팥죽을 쑤어 오기도 한다. 농산물 등으로 성의 표시를 하기도 하며, 아낙들은 상복을 만들거나 부엌일을 거들고, 남정네들은 차일을 치고 부고를 쓰며, 장작불을 피우면서 밤을 지새며, 자기 일처럼 애도 했다. 그런 날엔 생활이 어려웠던 분들의 생일날인양 몇 끼니를 해결하기도 했다. 지금은 장례식장에서 부의금을 내밀고 조문을 하면 그만이다.

우리 고유의 명절 설날에는 세배를 다니며 웃어른들로부터 생활의 지혜 덕담도 듣고 세뱃돈으로 지갑도 채웠는데 언제부터인가 마을 회관에서 합동 세배를 하더니 요즈음은 아예 자기 친지들만 찾는다. 이제는 가족끼리 여행을 가는 의미도 없는 명절이 되고 말았다. 참 편리한 세상이다.

편해지려는 인간들의 욕구는 한이 없는가 보다.

장례문화도 시대적 흐름에 어쩔 수는 없다고는 하지만, 화장 위주로 강이나 산에 뿌리거나, 수목장을 하기도 한다. 또 추모관을 선호하는 이들이 많다. 제사 역시 자기 부모 기일에 맞추어 합동으로 하는 집이 많다고 한다.

이대로 간소화하다가 우리의 미풍양속美風良俗이 모두 사라지는 것은 아닐까?

구들장 온돌의 따끈한 아랫목, 구수한 된장국냄새, 엄마의 품처럼 포근했던 옛 고향이다.

황금만능 편의주의, 끈끈한 정이 없는 각박한 이 시대에 김치전에 탁주 한잔 정을 나누던 옛 친구, 그때가 몹시도 그리워진다.

등굣길

내가 초등학교 다닐 때는 전 학년이 마을별로 모여서 다녔다. 마을에서 학교까지는 큰길이 있었지만, 거리가 멀고 교통사고의 위험이 있고, 차가 지날 때는 숨쉬기가 곤란할 정도로 희뿌연 먼지가 일어서 그 길을 이용하지 않았다.

우리가 다니던 등굣길은 농로를 따라 약 2킬로미터의 거리였다. 세 가구가 살고 있는 작은 마을을 지나 작은 산등성이를 지나면 넓은 평지가 나오고 또 하나 나지막한 산등성이를 넘어야 했다.

봄에는 움츠렸던 새싹들이 힘차게 기지개를 켜며 고개를 내밀고, 창공에선 종달새가 지지배배 우짖고, 먼 산에는 아지랑이가 아롱거렸다. 또 지나가는 작은 산속마을 울타리엔 활짝 핀 개나리가 우리를 반겼다. 소나무 우거진 오솔길을 가노라면 때늦은 진달래가 겸연쩍은 듯 미소를 짓고 등이 굽은 할미꽃이 무덤 위에서 손자들 잘 다녀

오라며 배웅을 했다.

산 아래 다랑이논에서 개구리 알을 채집하여 올챙이가 개구리가 되는 과정을 현장 학습하기도 했다. 개미굴을 발견하고 작은 체구로 큰 물체를 옮기는 개미들을 보면서 과학도인 양 관찰하며 신기해 하기도 했다. 행운의 네잎 클로버를 찾고 클로버 꽃시계를 만들어 손목에 차고 월계관을 만들어 머리에 쓰고 금메달을 딴 손기정 선수인 양 달리기도 했다.

녹음이 우거진 여름에는 가시에 찔리며 산딸기를 따 먹기도 했으며 밀 보리가 익어 가면 밀 보리 서리를 하기도 했다. 약간 덜 익은 밀 보리를 꺾어다 솔가지 마른 잎을 주워 모닥불을 피우고 덜 익은 보리를 구워서 알갱이를 손으로 비벼서 먹으면 그렇게 맛이 있었다. 밭주인에게 들키지 않으려고 연기가 나지 않도록 주의하지만 어떻게 알았는지 주인이 쫓아왔다.

우리는 시치미를 떼고 오리발을 내밀지만 입가에 묻은 검정 때문에 들켜서 혼이 나기도 했다. 문학도인 양 감상에 젖어 시 구절을 외우며 단풍잎이나 예쁜 은행잎을 책갈피에 꽂기도 하고 도토리와 상수리를 주워서 도토리묵을 쑤어 먹기도 했다.

하얀 눈이 내리는 겨울에는 눈사람을 만들기도 하고, 편을 갈라서 시간 가는 줄 모르고 눈싸움을 하다가 지각을 하기도 했다.

계절에 따라 피고 지는 이름 모를 꽃과 나무 갖가지 곤충과 새

동물들 우리의 등굣길은 자연생태 체험학습장이었다.

그 시절 짓궂은 선배가 있었다. 그 선배는 종종 심심하다 싶으면 나와 동갑인 같은 반 또래친구 K군을 나와 경쟁을 시키며 K군이 나를 이긴다고 했다며 싸움을 부채질했다. 그래도 반응이 없으면 K군을 끌고 와서 선배가 손을 잡고 억지로 K군이 나의 뺨을 때리게 했다. 처음 서너 번은 잘 참아냈지만 횟수가 늘고 강도가 강해지면 나도 약이 올라서 둘이서 뒹굴며 싸우곤 했었다.

우리의 싸움은 결국 한쪽이 코피가 터지면 끝났다. 또 그 선배는 우리를 땅벌이 있는 곳으로 유인해서 땅벌 집을 건드리고 도망치게 했다. 저학년인 우리는 걸음아 날 살려라 도망쳐 보지만 화난 땅벌들이 어찌나 빠른지 땅벌에 쏘여 얼굴이 통통 붓기도 했다. 그래도 그 선배가 밉지가 않고 오히려 우리들은 스릴을 느끼며 즐겼다.

학교 운동장에서는 고무공으로 축구를 했고, 자치기와 딱지치기, 구

슬치기, 팽이놀이를 했다. 때론 고무줄놀이를 하는 여학생들의 고무줄을 끊고 도망치기도 했다. 그 시절에는 초등학교를 아홉 살에 입학해서 다소 늦은 듯했지만 나보다 다섯 살이나 더 많은 친구들도 있었다. 초등학교 고학년이 되었을 때 나이 많은 친구들은 이성을 알았는지 여자 선생님들의 신발을 감추거나 괜히 여학생들을 괴롭히기도 했다. 그중의 한 친구는 초등학교 졸업 후 결혼하기도 했다.

무리 지어 다니면서 공동체 생활과 호연지기를 키우고 미래를 향한 푸른 꿈을 키우며 즐거운 마음으로 학교를 다녔다.

특히 요즘엔 농촌학교가 통폐합되어 학교 버스가 운행되고 있다. 세상이 험악하기도 하지만 과잉보호로 학교주위의 학생들 외에는 걸어서 등교하는 학생들이 거의 없고, 학부모들이 동반하거나 자가용으로 등하교를 시킨다.

흉악범들 때문에 전전긍긍戰戰兢兢 휴대폰으로 수시로 확인하고 모르는 사람이 호의를 베풀면 거절하라고 철저히 교육을 시킨다.

어렸을 적부터 불신을 배워야 하는 아이들, 어떻게 사람냄새가 나는 인성교육이 이루어지겠는가?

일확천금 물질만능, 이기주의로 인정은 메마르고 세상은 썩어가고 있다.

누구를 탓하겠는가? 우리 모두의 잘못이며 책임인 것을….

4

진짜 사나이

진짜 사나이 • 1

사나이로 태어나서 할 일도 많지만/ 너와 나 나라 지키는 영광에 살았다/
전투와 전투 속에 맺어진 전우야/ 산봉우리에 해 뜨고 해가 질 때에/
부모형제 나를 믿고 단잠을 이룬다./

내가 징집영장을 받고 군에 입대한 시기는 북풍한설이 몰아치는 2월 달이었다. 그해엔 추워도 너무 추웠다,

논산훈련소에서의 혹한기 훈련은 훈련의 강도보다 추위 때문에 무척 힘이 들었다.

보온성이 좋지 않은 내의와 허리 속살이 다 드러나는 미국원조물자 짧은 메뚜기 잠바를 입고 눈밭에서 뒹굴었다.

그때는 추위도 추위지만 배가 고파서 더 추웠는지 모른다. 얼마나 배가 고팠던지 지급된 미 식기를 밥이 많이 담기도록 돌로 식기 바닥

을 두드려 움푹하게 들어가게 했다.

훈련 중 주말이면 가끔 사역병 차출이 있는데 훈련병들이 선호하는 곳은 취사장이다. 그곳에 사역병으로 차출되면 배고픔을 다소 달랠 수 있으리라 기대하기 때문이다.

일요일인 어느 날 사역병으로 차출되어 간 곳이 취사장이었다. 가마솥에서 밥을 푸고 있는데 옆에 있던 훈련동기생 하나가 찬물에 손을 담그더니 뜨거운 솥에서 밥을 한손에 가득 집어 입에 넣고 먹었다. 순간 반사적으로 나도 뜨거운 밥을 한주먹 입에 넣고 들키지 않으려 급히 삼키는 바람에 뱃속이 어떻게 뜨겁던지 죽는 줄 알았다.

한번은 훈련 중 하도 배가 고파서 휴식 시간에 화장실 근처까지 찾아온 떡장수 아줌마한테 떡을 사서 먹으려는 순간 멀리서 훈련 조교가 쫓아와서 변소 안으로 숨어 황급히 찰떡을 꿀꺽 넘기는 바람에 떡이 목에 걸려 죽는 줄 알았다.

어떤 훈련병은 배고픔을 참지 못하고 잔밥통에 버려진 밥알을 씻어서 먹는 것을 보았다.

훈련 기간에는 숨 돌릴 사이도 없이 시간이 빡빡해서 식사시간에도 무조건 밥을 국에 말아 후루룩 털어 넣고 정신없이 먹어야 했다. 이렇게 급하게 먹어도 체하지 않고 소화도 잘되었다.

배고픔 속에서 기본 훈련인 재식훈련 총검술 각개전투 등 연일 계속되는 훈련이 고달팠지만 무리를 지어 하는 훈련이라서 우리는 잘

도 참아 냈다. 이렇듯 모든 힘든 것들을 참아야 하는 인내의 세월이 라서 남자는 군대를 갔다 와야 어른이 된다는 말이 생겼는지 모른다. 아마 그 당시 군인 정신이 지금까지 조금이라도 남아 있었더라면 사회생활에 더 많은 도움이 되고 지금의 나의 환경이 더 좋아 졌을지 모른다.

논산에서 기본훈련을 끝내고 대전에 있던 병참학교로 차출이 되어 갔다. 병참학교 교육은 훈련소의 빡빡한 일정보다 다소 시간적 정신적 여유로움 속에서 보급 수령 전반에 걸쳐 교육을 받았다.

병참학교 교육은 주말이면 보문산에 올라가기도 하고 유성에 있는 온천까지 구보로 달려가 온천욕을 하는 등 훈련소보다 환경이 좋았다.

그 시절 우리는 어떤 환경과 열악한 조건 속에서도 절대복종, 인내하며 군 복무를 필했다.

그때 우리의 군軍생활과 비교하면 요즘 세대들은 정도의 차이는 있겠지만 인권이 보장된 상태에서 호텔 같은 방에서 호의호식好衣好食하며 군 생활을 하는 셈이다.

그럼에도 참을성 없는 일부 사병들의 사고 소식을 들을 땐 안타깝고 가슴이 아프다. 이런 사회 현상이 나약하게 키운 기성세대들의 잘못이 아닐지 싶다. (2013.1.10.)

진짜사나이 • 2

그해은 2월은 유난히 추웠다.

논산 훈련소에서 기초군사교육을 받고 대전에 있던 병참학교에서 먹고 입고 쓰는 병참보급수령 전반에 걸쳐 교육을 받았다. 병참학교에서 소정의 교육을 받고 광주에 있는 ○○학교에 부대 배치를 받았다. 자대배치를 받으면 모든 것이 좋아지리라 기대했었다. 산 넘어 산이라고 했던가? 일과 시간은 맡겨진 업무만 하면 큰 어려움이 없었다. 그러나 저녁이 되면 경상도 말뚝하사 히스테리가 심해서 살얼음판을 걷는 것 같은 공포 분위기였다.

군 생활에서도 지역감정의 골이 깊어서 경상도쪽 의 선배가 많은 내무반에 있는 전라도 출신의 졸병들은 죽었다고 복창을 해야 했다. 경상도 출신 내무반장은 진급을 하지 못한 화풀이라도 하듯 저녁이면 술이 거나하게 취해 걸핏하면 이유 없이 연병장에 집합시켰다.

훈련받을 때의 기본적인 기합, 선착순, 엎드려 뻗쳐, 쪼그려 뛰기, PT체조, 오리걸음은 훈련 중에 익히 해 왔었다. 그러나 이곳에선 좀 더 강도 높은 한강철교, 원산폭격, 나이롱취침, M-1 소총 한 손가락으로 들기 등 인내의 한계가 어디까지인가를 시험하는 듯했다. 때론 곡괭이 자루로 이유 없는 빳다(패대기) 세례를 받기도 했다.

입대 전에는 기합의 종류가 이렇게 많은 줄을 몰랐다. 이런 기합도 초저녁에 태풍처럼 지나가 버리면 마음 놓고 잠들지만 늦은 시간까지 조용하면 어느 때 또 태풍이 불까 불안 속에 떨어야 했다.

살얼음 같은 나날을 보내야 하니 죽을 맛이었다. 해도 해도 너무해서 상급기관에서 나온 소원수리(여론조사) 과정에서 용기 있는 자가 그 내용을 써서 염라대왕처럼 군림하던 고참하사는 다른 곳으로 전출되었다.

한껏 분위기가 좋아진 이곳에서 무탈하게 보내다가 월남 파병명령을 받고 월남전에 참전하게 되었다. 생과 사의 갈림길에서 13개월 근무하고 무사히 귀국해서 ○○도에 있는 부대로 배치되었다.

졸병 때의 배고픔을 알기에 이곳에서 근무하며 나름대로 주 · 부식 재료를 정해진 양을 취사장에 정확히 공급했는데 그래도 사병들은 배가 고프다고 했다.

정량 배급을 하면 오히려 밥이 남을 줄 알았는데 배식 양이 적어 배가 고프다니 알 수 없는 일이었다. 고심 중에 하루는 원인을 찾으려 배식이 끝난 취사장을 살그머니 올라가 보았다. 문이 닫힌 취사장 안을 문틈으로 쳐다보니 희미한 불빛 아래에서 취사병들이 바쁘게 움직이고 있었다. 이 시간에 무슨 일을 하고 있을까 불빛이 새어나오는 틈으로 들여다보니 취사병들이 사다리를 타고 다락에 쌀을 숨기고 있는 것이 아닌가? 이들은 쌀을 숨겼다가 내다팔아 술값을 했단다. 엄중히 처벌해야지만 다시는 하지 않겠다는 서약을 받고 사건은 일단락되었다.

그동안 많은 병사들이 배가 고팠던 원인이 병사들의 식량이 몇명 취사병의 술값으로 사라졌음을 알았다. 그 당시엔 다른 부대에서도 이런 부조리가 흔하게 있었던 듯하다.

가끔 군 비리관련 신문 방송보도를 보며 깨끗해야 할 군軍이 이럴진대 사회곳곳의 비리는 어쩌랴 싶은 생각이 든다.

군복무중 존경했던 주월 사령관이었던 채명신 장군은 그는 사후死後에 평소 생사고락을 같이했던 사병들의 묘역에 묻히고 싶다고 했다.

채명신 장군 같은 많은 덕장들이 나와서 믿고 따르므로 깨끗하고 튼튼한 자주국방의 기틀을 마련해 주었으면 싶다.

월남전 이야기 • 1

월남(베트남)전쟁은 1963년부터 1973년까지 북쪽의 월맹과 민족해방전선(베트콩)이 남쪽의 월남정부와 싸웠던 내전성격의 전쟁이다. 우리 한국군은 미국의 요청에 의해서 1964년부터 1973년까지 8년간 월남정부군을 지원하기 위해 참전했었다.

나는 후반기 이 전쟁의 교체요원으로 명령을 받고 강원도 화천군 간동면 오음리 87-8 버뎅이골에서 각종 전술훈련과 동굴체험 유격훈련 등, 계획된 강도 높은 훈련을 끝내고 월남으로 가기 위해 군용 트럭에 올랐다.

간단한 부대 환송식을 끝내고 천막을 씌운 트럭은 뿌연 먼지를 날리며 빼치 고개를 넘어 춘천 역으로 달렸다. 긴 대열을 이룬 차량은 연도에 나온 춘천시민과 학생들이 손에 태극기를 들고 열혈이 환송하는 가운데 춘천 역에 도착했다.

"자유 통일 위해서 조국을 지키시다 조국의 이름으로 님들은 뽑혔으니……."

육군 군악대의 맹호부대가를 시작으로 환송식이 있었고 언제 연락을 했는지 플랫폼에는 가족과 친지, 연인들이 찾아와 허가된 시간에 서로의 이름을 부르며 여기저기 서로 부둥켜안고 통곡하는 등 삽시간에 춘천역은 눈물바다가 되었다.

마치 죽음 직전의 이별인 양 처절하기까지 했다. 출발 시간이 되자 열차도 이들의 슬픔을 아는 듯 끼익 끼이익 서러운 굉음을 울리며 춘천역을 뒤로 목적지를 향해 정신없이 달렸다.

장남인 나는 전쟁터에 가는 것을 반대하는 부모님과 가족들 때문에 월남 파병을 알리지 못하고 춘천 역에 환송 나온 여학생한테 미리 써온 편지를 우체통에 넣어 주기를 부탁했다. 가족들이 이 편지를 받아 볼 때쯤에는 나는 이미 부산항을 떠나 망망대해 수송선 안에 있으리라. 뒤늦게 이 편지를 보시고 부모님이 많이 놀라시겠지만 절대복종의 군 명령이니 어쩔 수 없지 않은가?

이국 낯선 나라 전쟁터에 가서 명예로운 전사를 할지 살아서 돌아

올지 잡다한 생각 때문에 잠시 마음이 착잡했다. 그 사이 열차는 어둠이 드리우는 청량리역에 도착했다. 청량리 역에도 가족과 연인들이 마지막 작별을 고하려 인산인해를 이뤘다, 연인처럼 보이는 한 여인과 전우가 열차 내의 화장실에서 문이 열린 것을 아랑곳하지 않고 눈물 콧물로 범벅이 된 채 껴안고 격렬하게 키스를 하고 있었다.

여기저기에서 가족들이 서로 떨어지지 않으려는 듯 얼굴을 비비며 부둥켜 앉고 눈물을 흘리는 것을 보는 순간 나도 가슴이 찡했다.

이별의 아쉬움을 뒤로하고 또다시 열차는 어둠 속에 모든 것을 묻어 버린 채 도망치듯 청량리역을 빠져 나갔다. 다소 진정이 된 전우들과 나는 하루 동안 진행된 행사에 피곤했는지 의자에 기대어 이내 깊은 잠에 빠져 들었다.

얼마를 달렸을까? 웅성웅성하는 소리에 깨어 보니 이른 아침 열차는 비릿한 냄새가 풍기는 부산 제3부두에 들어서고 있었다.

열차에서 내린 우리는 승선번호를 부여 받고 순서대로 정박한 배에 올랐다. 이 배는 9,000톤급 수송선으로 1,700명의 병력과 장비, 화물을 싣고 퀴논 항으로 간단다. 이 수송선의 이름은 업서 호였다. 처음 타 보는 수송선이 어찌나 큰지 그 규모에 놀라지 않을 수 없었다. 수송선 안에서 아침 식사를 하고 오전 10시 마지막 갑판 위 환송식에 참여했다.

만국기 물결 속에서 환송식이 시작되었고 환송 나온 학생들과 부산시민들이 필승과 무사히 귀국할 것을 빌어 주었다. 마지막 무명가수의 "아-아 잘있거라, 부산 항구야. 미스 김도 잘 있어요, 미스 리도 안녕히." 애절한 노래를 끝으로 환송식은 모두 끝났다.

뚜-우-뚜우 수송선은 힘찬 뱃고동을 울리며 제3부두를 뒤로하고 바다로 미끄러져 나갔다. 오륙도를 지나 점점 멀어지는 고국의 산하 오륙도가 하나의 점으로 보이다가 수평선 뒤로 사라졌다. 강해지자 다짐했지만 나의 의지와는 관계없이 나도 모르게 왠지 모를 눈물이 펑펑 쏟아져 내렸다.

끝없이 펼쳐지는 수평선만 바라보며 사흘 만에 말로만 듣던 필리핀 해협을 지날 때는 산더미 같은 성난 파도가 그 큰 수송선을 집어삼킬 듯 요동을 쳤다. 큰 파도가 물보라를 일으키며 갑판을 할퀴고 지나가면 수송선도 속수무책 쓰러질 듯 기우뚱 심하게 흔들렸다. 전우들이 그럴 때마다 마치 오리 흉내를 내듯이 여기저기에서 왝왝 토하는 소리와 함께 심한 멀미를 했다.

며 칠 간의 멀미와 긴 항해로 지칠 대로 지친 전우들이 침실과 갑판 위 여기저기에 쓰러져 있을 때 전우 중에 한 병사가 "퀴논 항이다!" 외치는 소리에 모두 갑판 위로 뛰쳐나왔다.

우리는 전쟁의 불안과 미지의 세계에 대한 기대와 호기심을 가득 안은 채 군 수송선은 미끄러지듯 퀴논 항으로 들어갔다.

월남전 이야기 • 2

야자수 우거진 퀴논 항은 전쟁터가 아닌 것처럼 평화로워 보였다. 여기에서도 예외 없이 선상에서 간단한 환영식이 있은 후 수송선에서 내렸다. 퀴논 항은 그리 크지 않은 조그마한 도시로 모래사장을 낀 항구였다. 대기해 있던 군용 트럭을 타고 야자수가 숲을 이룬 아름다운 해변을 지나 사단사령부를 향해 퀴논 시가지를 달렸다. 오토바이와 자전거의 긴 행렬 용달차와 비슷한 소형 승합차 아오자이를 입은 아가씨들의 아름다운 모습 등 색다른 풍경이 전쟁터라는 생각을 잊게 했다. 이국정취에 취해있는 것도 잠시 우리가 탑승한 군용트럭은 퀴논 시가지를 벗어났다. 길게 펼쳐진 사탕수수밭과 선인장의 군락 넓게 펼쳐진 논, 끝없는 평원, 전쟁이 아니면 정말 평화롭고 살기 좋은 곳이라는 생각이 들었다. 그러나 길가에 버려진 찌그러진 탱크와 부서진 군용트럭, 제멋대로 나뒹구는 구멍 난 철모가 전쟁터임을 알려 주는 것 같아 긴장이 되었다.

우리가 지나는 도로변에는 먼저온 맹호 부대 용사들이 장갑차를 대동하고 우리들의 안전한 이동을 위해서 철통같이 경계를 서고 교량 요소요소에는 월남 민병대가 교량 경계를 서고 있었다.

사단사령부에 도착한 나는 부대배치명령서를 들고 인솔자를 따라 포병부대로 갔다. 이곳에서 나에게는 사단사령부를 오가며 보급수령을 하는 임무가 부여되었다.

30도가 넘는 고열과 모기, 말라리아, 적 베트콩 대치하면서 싸우며 생과 사의 갈림길에 서기도 했다.

트럭을 타고 야자수 우거진 도로를 달리다 보면 아름답고 낭만적이지만 언제 어디서 불쑥 베트콩이 나타날지 모르기 때문에 항상 긴장 상태에서 방탄조끼와 M16 소총으로 무장을 하고 주위를 살폈다. 우기에 우뢰를 동반한 스콜squall소나기를 만나면 2미터 앞도 보이지 않을 정도야 했다.

만약 숲 속에서 베트콩이 나타나 수류탄이라도 던지는 날에는 큰로 장대비가 쏟아졌다. 이런 날엔 트럭이 거북이걸음으로 기어가일이 날 판이다. 이런 날엔 불안해서 숲 속에 대고 무차별 요란搖亂 사격을 하며 지나가기도 했다.

연속된 긴장의 생활 속에 적응해 갈 즈음 사단 규모의 ○○작전 명령이 하달되었다. 우리 부대는 보병 부대를 후방에서 포사격으로 지

원해야 했다.

헬기에 전쟁에 필요한 보급품 및 105밀리 포 등을 매달아 주는 것이 이번 작전에서 나의 임무다. 35도가 넘는 고열 속에 방탄조끼까지 입고 헬기의 프로펠러에서 이는 바람에 흙과 모래가 얼굴을 때리므로 방독면을 써야 했다. 방독면을 써도 목 부분이 노출되어 날리는 모래에 맞아 목이 벌겋게 부어올랐다. 오전 중으로 보급품 수송이 끝나고 잠시 쉬는 시간에 헬기를 타보고 싶은 생각이 들었다.

통역을 하는 연락 장교에게 얘기했더니 소통이 되었는지 나를 보며 미군 조종사가 타라는 손짓을 했다. 전쟁터에서 작전이 아닌 헬기를 자가용처럼 타고 하늘을 날 수 있다니 정말 나는 전쟁터의 행운아가 아닌가? 이런 나의 들뜬 기분을 알았는지 장난기가 발동한 미군 조종사가 급상승하기도 하고 급강하하기도 해서 헬기가 추락하는 것 같아 가슴이 철렁 놀란 가슴을 쓸어내려야 했다. 그런 나의 모습을 보며 고소한 듯 미군조종사가 의미 있는 미소를 지었다.

울창한 상록수와 숲, 야자수 우거진 작전지역 하늘에서 내려다보니 바쁘게 움직이는 병사들이 일개미처럼 작게 보였다.

전쟁은 삶과 죽음의 갈림길과 긴장의 연속이지만 면역력이 생기니 잠시 이런 여유로움도 즐기게 되나보다. 그러나 정글 작전지역에서 독충과 모기, 더위, 베트콩과 싸워야 하는 전우들을 생각하면 후방 지원을 하며 호사를 누리는 것 같아 미안한 생각이 들었다.

전쟁은 좋은 무기와 장비를 가지고 있어도 여러 가지 상황으로 일방적인 승리는 없는 듯하다. 이번 작전으로 아군의 피해가 적어야 할 텐데 심히 걱정이 되었다. 그러나 이튿날부터 헬기로 부상자와 사망자가 수송되었다.

이 지구상에 영원한 평화는 없는 것인가 참 가슴 아픈 일이다.

월남전 이야기 • 3

찌는 듯한 무더위에 정글에서 병사들은 헬기에서 뿌리는 이슬 같이 내리는 비를 제초제인 줄도 모르고 웃옷을 벗고 시원한 촉감 때문에 잠시라도 더위를 식히려 일부러 맞기도 했다.

찌는 듯한 무더위가 기승을 부리는 오후, 낮잠을 자고 있는데 꽝 하는 폭발음이 들렸다. 놀라 깨어서 막사 밖으로 나가니 전우들이 취사장 쪽으로 달려가고 있었다. 나도 그쪽으로 달려가 보니 한 병사가 취사장 바닥에서 나뒹굴고 있었다.

병사는 상의上衣를 벗은 상태로 고무를 빼지 않은 빈 탄약통에 진공상태로 뚜껑을 닫고 라면을 끓이다 폭발이 된 듯했다. 온통 얼굴과 상체에 끓는 물로 화상을 입어 그 병사는 급히 병원으로 후송되었다. 이런 전우들은 귀국 후 전역해서 시름시름 앓다가 원인도 모르고 죽어갔다. 우리 부대 부근이 풀 한 포기 없는 것을 보며 그 시절엔 이상하다는 생각만 했는데 지금 생각하니 이 지역도 제초제를 뿌린 지역이라는 생각이 들었다. 그 당시 우리는 내전 성격의 월남전에서 세계평화 자유통일을 위해서라고 하지만 가난했던 시절 나 하나 희생이 되더라도 가족을 위해 지긋지긋한 가난을 극복하려는 생각들도 있었다.

인명人命은 재천在天이라 했다. 파월 13개월 동안 우여곡절 크고 작은 사건 사고 속에 베트남 군 임무를 무사히 마치고 귀국선에 올랐다.

얼마나 그리웠던 고국 산하인가? 다시 보는 오륙도가 너무 반가워 만감이 교차하면서 눈물이 핑 돌았다.

"월남에서 돌아온 새까만 김 상사 이제서 돌아왔네. 월남에서 돌아온 새까만 김 상사 너무나 기다렸네. 굳게 닫힌 그 입술 무거운 그 철모 웃으며 돌아왔네. 어린 동생 반기며 그 품에 안겼네. 모두 다 안겼네. 말썽 많은 김 총각 모두 말들 했지만 의젓하게 훈장 달고 돌아온 김 상사 동네사람 모여서 모두다 기웃기웃 우리 아들 왔다고 춤추는 어머니 온 동네 잔치하네. 폼을 내는 김 상사 돌아온 김 상사 내 맘에 들었어요. 믿음직한 김 상사 돌아온 김 상사 내 맘에 들었어요."

그 시절 유행했던 김추자가 부른 이 가요는 경쾌한 듯 들리지만 파병 8년 동안 살아서 돌아오지 못한 5천여 명의 전우에 대한 안타까움과 그들의 넋을 기리는 애절함이 배어 있다. 월남 전쟁으로 우리 참전 군인들의 피해는 사망 11,232명, 부상 8211명, 고엽제관련 피해자 14만여 명 등이라고 했다.

월남에서 정글을 누볐던 전우들이 귀국 후에도 고엽제때문에 병을 달고 고통 속에 살고 있다.

필자도 13개월 동안 참전 중 적의 기습도 받고 죽을 고비도 넘겼다. 감기 한 번 안 걸리던 체질이 전역 후 외형상은 멀쩡한데 고혈압과 시력저하, 만성 습진, 감기 증세와 같은 원인도 모르는 질병으로 1년의 반은 병의원을 다니며 고통스러운 생활을 하고 있다.

서로 총칼을 겨누며 적대시했던 미국과 베트남 그리고 한국이다. 그러나 세월이 흐른 지금 세 나라는 국교가 이루어지고 있다. 국익을 위해서는 영원한 적도 영원한 우방도 없는 현실이다.

늦게나마 한시적으로 정부에서 고엽제 후유증 및 후유의증이라는 희한한 법을 만들어 고도, 중도, 경도, 등외 등으로 구분하고 약간의 돈을 주고 있다. 그러나 너무 미흡하고 빛 좋은 개살구처럼 보여 아쉽다. 이럴진대 국가가 존폐 위기에 있을 때 어느 누가 목숨을 걸고 나라를 지키겠는가?

우리는 수없는 외침으로 시달려왔고 강대국들에 의해 원하지 않게 분단된 조국이다.

일부 정치인과 젊은 세대들의 안보의식이 희박한 것 같아 걱정이다.

선열들이 흘린 피와 참전용사들의 희생으로 지켜온 우리의 소중한 조국, 안보의식 고취와 자주국방으로 다시는 소 잃고 외양간 고치는 우를 범하는 일은 없어야지 싶다. 또 정부와 사회 모두가 독립유공자와 참전용사들의 지위향상을 위해 진지하게 고민해 볼 때인 듯싶다.

전쟁이 남긴 교훈

몇 년 전에 한 신문사에서 월남 참전 군인들이 양민을 학살했다고 현지 밀착 취재라며 신문지상에 보도한 적이 있다. 대학 교수였던 ○모 씨가 월남에 참전했던 군인들을 돈 때문에 팔려간 용병이라고 모 신문에 기고함으로써 우리의 명예를 실추시킨 일도 있다. 참전용사들이 분노하여 신문사로 몰려가 항의방문 하기도 했다.

초대 주월 사령관인 채명신 장군은 "100명의 베트콩을 놓치는 한이 있어도 한 명의 양민을 보호하라고 예하 부대에 엄명을 했다. 또 대민 지원 사업으로 도로나 마을길, 학교, 병원 등을 지어주고 가난한 주민에겐 식량 등 대민 지원 사업을 병행했다.

삶과 죽음의 갈림길에서 베트콩의 기습으로 옆 전우가 피를 흘리며 죽어갈 때 피가 거꾸로 솟구치며 눈이 뒤집힐 지경에, 어느 누가 분노하지 않으며 본능적으로 응사應射하지 않겠는가? 그 과정에서

베트콩이 아닌 양민도 그들의 무리 속에 있어서 피해를 볼 수도 있다. 자신이 그런 상황에 처했을 때 어떤 행동을 취했을 것인가를 생각해야 할 것이다.

우리는 국가의 부름을 받고 절대 복종의 군 명령에 의해서 피를 흘리며 싸우다 돌아왔다. 지금도 수많은 전우들이 전역 후에 제초제의 피해와 원인 모를 질병으로 죽어가고 그 후유증으로 고통 받고 있다.

나는 2000년 관광차 베트남에 가서 전쟁 박물관을 둘러볼 기회가 있었다. 전쟁 박물관에는 미군들의 비인간적인 피해상황은 게시되어 있었으나 한국군에 대해서는 적대감을 느낄 수 있는 부분이 하나도 게시되어 있지 않았다.

호치민 시내 곳곳에는 현대, 대우 등의 건물들이 들어서 있고 도로에는 한국에서 수입된 중고차들이 한글로 쓴 상호를 그대로 둔 채 달리고 있어서 깜짝 놀라기도 했다.

현재 베트남에는 우리나라 기업들이 많이 진출해 있다고 했다. 이처럼 베트남 사람들은 우리에게 우호적이다. 많은 나라들로부터 수없이 침략과 지배를 받아온 베트남 어쩌면 우리의 역사와 비슷해서 동병상련同病相憐 연민의 정이 가는 나라다.

이제 베트남은 정약용의 《목민심서》를 항상 옆에 끼고 살았다는 호치민과 같은 위대한 민족지도자가 있어 통일된 나라다.

베트남은 보존 자원이 많고 3모작까지 가능한 드넓은 평야와 석유까지 생산되어 멀지 않은 장래에 경제 대국으로 부상할 수 있는 가능성이 많은 나라다.

'라이따이한'은 베트남 여성과 한국 남자의 사이에서 태어난 자녀들을 일컫는 말이다. 현재 베트남에 약 2000여 명의 라이따이한이 있다고 한다. 그들이 마치 참전군인들의 부도덕한 행위로 태어난 아들, 딸인 양 인식하지만 참전 군인의 자녀는 약 100여 명이고 그 외는 군속 및 기술자 등 민간인의 자녀라고 했다. 그들은 아빠 없이 자라 가난 때문에 제대로 교육도 받지 못하고 혼혈아라고 멸시 당하며 힘들게 살고 있다고 한다.

라이따이한을 위해서 기독교 단체에서 미약하나마 그들에게 부분적 지원 사업을 하고 있다고 했다.

이제 세계 경제 대국으로 부상한 한국이다.

그들도 우리의 피가 흐르는 동족이나 다름없다. 국가 차원에서 교육, 취업 등 그들을 위해서 적극 나서야 할 때다. 한국과 베트남의 장래를 위해서라도 여러 분야에서 현명賢明하게 지원과 협력이 있어야지 싶다.

베트남 일기

○월 ○일

짜증스러운 더위, 모기와 싸우며 보이지 않는 적과 대치하는 하루하루 긴장 속에 눈동자는 빛나고 얼굴은 검게 탔다.

오늘은 일부 경계 병력을 남겨두고 1박 2일 지정된 휴양소로 외박을 나간다고 했다. 초등학교 소풍날처럼 마음이 설레다.

우리가 탄 트럭은 뽀얀 먼지를 일으키며 부대를 떠나 야자수 우거진 마을을 빠져 나갔다. 작렬하는 태양, 끝없이 펼쳐진 평원, 야자수와 선인장 군락, 전쟁이 아니면 얼마나 아름답고 평화로운 풍경인가?

이런 호사스러운 생각도 잠시 혹 베트콩의 기습이 있을까 불안하고 긴장되었다. 가끔 동료들이 작전 중에 베트콩의 기습으로 사고를 당했다는 소식을 들었기 때문이다. 그러거나 말거나 베트남 전 고참들은 아랑곳하지 않고 즐겁게 떠들며 야단법석이었다. 위험지역을 벗어나 얼마를 달렸을 즈음 "야, 바다다!" 외치는 소리가 들려 앞을 보니 시원한 바다가 그림처럼 펼쳐졌다. ○○휴양소에는 먼저 온 병사들이 동심으로 돌아가 배구 등 운동경기와 수영을 하며 즐기고 있다.

우리도 여장을 푼 뒤 시원한 맥주로 목을 축였다. 섭씨 30도를 웃도는 상하常夏의 나라, 야자수 우거진 모래사장과 비릿한 생선냄새와 소금기로 몸은 약간 끈적끈적했지만 불쾌지수가 낮아서 기분은 좋았다. 오랜만에 수영도 하며 전쟁터의 해변에서 꿈같은 하루를 보냈다. 밤에는 에로영화 상영이 있었다.

○월 ○일

이른 아침, 잠에서 깨자마자 슬픈 소식이 전해졌다. ○○소대 매복조가 탄 차량이 돌아오던 길에 베트콩이 묻어둔 지뢰가 폭발하여 많은 동료들이 죽고 부상당했다고 한다. 그중에는 우리 부대에서 지원 나갔던 병사가 있는데 두 다리와 팔이 절단되고 상처투성이로 후송되면서, 이런 몰골로 사느니 죽어야 한다며 절규했다고 했다. 그런데 이 병사도 병원에 도착하기 전에 숨을 거두고 말았다. 엎친 데 덮친다고 했던가? 사고지점을 경계하러 나가던 APC 장갑차도 또 지뢰에 폭파되었다고 했다. 정말 가슴이 아프다 못해 분노가 치밀었다. 하룻강아지 범 무서운 줄 모르고 있으니 대대적인 작전으로 응징해야 될 것 같다.

○월 ○일

오늘은 고국에서 온 특별위문단 공연이 강당에서 있다고 했다. 베트남 민병대까지 초청되었다. 위문단 공연이 막을 올리기 전에 부대원들의 노래와 장기자랑이 있었다. 자칭 아나운서 출신이라고 자처하는 서울 출신 강 병장이 나와서, 전설 따라 삼천리, 김삿갓 북한 방랑기를 익살스럽게 해서 박수갈채를 받았다.

위문단의 5인조 밴드는 여성으로만 구성되어서 이색적이었다. 송해 씨의 사회로 공연이 시작되었다. 공연도 중 드럼 치는 아가씨가 훌쩍훌쩍 울었다. 석 달 전에 오빠가 이곳 베트남 전선에서 전사했다고 송해 씨가 설명을 해 주었다. 우리도 가슴이 찡하니 눈시울이 뜨거워졌다. 숙연해진 분위기를 누르고 송해 씨의 재치로 공연은 다시 시작되었고 박재란 씨의 앵콜 송을 끝으로 2시간의 공연이 막을 내렸다. 잠시나마 향수에 젖어 모든 시름을 잊을 수 있어서 좋았다. 오늘 밤은 꿈속에서라도 고향을 찾아야겠다.

○월○일

강원도 출신의 김하사가 고국에서 온 편지를 읽다가 훌쩍 훌쩍 울고 있다. 고국에 있는 사귀고 있던 동거녀가 돈을 챙기고 배신을 한 모양이다.

남자가 군대에 가면 여자가 고무신을 거꾸로 신는 다는 말이 있긴 하지만 다 말쟁이들의 말 인줄 알았다. 전쟁과 향수병으로 가뜩이나 엎친대 덮친 격으로 이국땅에서 돈 잃고 애인 잃은 김하사를 생각하면 마음이 짠하다. 이럴 땐 애인이 없음을 다행으로 알고 자위自慰해야 할런지?

오늘밤은 유난히 하늘에 별도 많다.

○월 ○일

이국땅에서 맞이하는 추석 전날 송편이라도 빚어 먹자는 의견이 많아서 받아들여졌다.

나는 송편 빚을 쌀을 빻아오는 임무를 띠고 현지주민이 운영하는 방앗간으로 갔다. 손짓 발짓으로 의사소통을 하고 떡쌀을 맡겨놓고 2시간 후에 오겠다고 했다. 시간이 되어 갔더니 물을 너무 많이 부었는지 빻은 쌀을 밀가루포대 2개에 나눠서 돌을 올려놓고 물기를 빼고 있는 것이 아닌가? 말도 잘 통하지 않고 저녁시간도 촉박해서 그냥 가지고 왔다. 마치 내 잘못인 양 책망을 들었지만 변명을 하지 않았다.

물기를 뺐어도 너무 질퍽한 것 같아서 밀가루를 섞어 반죽을 해서 깨를 소로 넣고 동료 병사들과 같이 어렵사리 밤 늦게까지 송편을 만들었다. 서로 자기가 만든 송편이 예쁘게 잘 만들어졌다고 뽐냈다. 만들어진 송편은 취사장으로 넘겨졌다.

지금쯤 고향에서는 가족들이 송편을 빚으며 나의 얘기를 하며 정담을 나누리라.

꿈속에서라도 고향을 찾아야겠다.

○월○일

추석날 아침, 어제 만든 명품송편과 명절 특별메뉴인 고깃국으로 향수를 달래며 맛있는 아침을 먹었다. 우리가

만든 송편은 모양이 가지가지여서 볼품은 없었지만 그런대로 명절

기분이 났다. 점심에는 결연한 마을노인들을 초청하여 송편과 과일 맥주로 경로잔치를 벌였다. 말은 통하지 않아도 무척 고마워했다. 오후에는 축구경기를 하고 자유 시간을 가졌다.

베트남의 추석은 우리나라 어린이날과 흡사하다.

쭝투TRUNG THU라고 하며 어린이를 위한 놀이기구와 가면 만들기, 달맞이연등행사와 전통문화를 소개한다고 했다. 계란이나 돼지고기를 채운 카스텔라와 비슷한 빵을 만들어 친지나 이웃들과 서로 주고받는다고 했다. 학교 운동장에 천막을 치고 만국기를 게양하며 크리스마스 추리처럼 연등을 만들어 달고 어린이를 위한 행사를 갖는다.

어린이를 위하는 마음은 국적이 달라도 똑같은가 보다.

○월 ○일

초저녁에 적의 기습이 있을 거라는 정보가 입수되어서 비상근무를 섰다. 자정이 넘어도 아무런 징후가 없어서 새벽 3시 비상이 해제되었다. 막 초소를 떠나려는 찰나 부대 앞마을 어구에 베트콩의 박격포탄이 떨어짐과 동시에 소총소리가 요란스러웠다.

조명탄이 밤을 대낮처럼 밝히고 포대에서는 105밀리 포 무차별 요란사격을 했다. 처음에는 총알이 철모를 뚫을까봐 겁이 나서 초소에서 고개를 들 수 없었지만 그것도 잠시 즉시 조준사격을 했다. 이때 누군가가 "가스다!" 하는 소리에 방독면을 썼으나 눈물 콧물을 주체

할 수 없었다. 교전이 있은 잠시 후에 사격중지 명령이 내려졌다. 적이 철수했는지 조용했다. 다행히 아군의 큰 피해는 없었다.

오늘도 긴장 속에서 무사히 하루가 지나감을 안도하며 늦게나마 잠자리에 들 수 있었다.

○월 ○일

오늘은 특별외출을 명받았다. 요즘은 이곳도 우기라서 하루가 멀다고 비가 와서 농경지가 침수되었는데 농민 차림의 사람이 카누와 같은 작은 배를 타고 벼이삭만 자르고 있었다. 또 용수 같은 대나무로 된 기구를 이용하여 물고기를 잡는 사람도 보였다. 대나무로 만든 용수 같은 기구를 이곳저곳으로 옮기고 물고기가 그 속에 갇히면 파닥거리는 소리가 날 때 위의 구멍으로 손을 넣어서 잡는다. 이곳은 물 반 고기 반, 물고기가 많다.

시내에 도착하니 긴 자전거와 오토바이의 행렬, 아오자이를 입은 아가씨들이 짐짝같이 많이 탑승한 버스와 트럭 등이 신호등이 없는데도 무질서 속에서도 물 흐르듯 잘 달리고 있었다. 질서가 없는 듯 보여도 불문율처럼 교통질서가 잘 지켜지는 걸 보니 신기했다. 점심은 퀴논 한국인 식당에서 조기매운탕을 먹었다.

베트남의 역사는 많은 외국의 침략으로 외세의 지배를 받았고, 국토가 분단되어 있어서 우리 한국의 역사와 매우 흡사하다. 또 신체에

몽골반점이 있는 것도 우리와 비슷하다고 한다. 베트남이 통일된다면 우리 한국보다 넓은 면적의 비옥한 땅, 3모작까지 할 수 있는 기후조건, 풍부한 석유 등 지하자원이 많이 있어서 발전가능성이 큰 나라라는 생각이 들었다.

○월○일

미 기갑중대가 맹호부대 호랑이작전을 지원하기 위하여 우리 부대에 왔다. 탱크와 모든 장비가 고국에서는 못 보던 신형 장비여서 그들이 부러웠다. 호기심이 발동해서 그들의 일상을 눈여겨보았다.

지휘관의 훈시 중에도 줄을 서지 않고 자유롭고 편한 자세여서 무질서하게 보였다. 그러나 무질서 속에 자연스러운 질서가 있었다. 지휘관의 훈시가 끝나자 각자 위치로 가서 부여 받은 임무를 쉬지 않고 충실히 수행하는 그들의 모습을 보았다. 자기 임무가 끝난 병사는 자유롭게 그늘에서 맥주를 마시거나 기타를 치는 등 공과 사가 분명해 보였다. 책임과 의무를 다하는 모습을 보면서 역시 세계 최강의 군대는 뭔가 다르다는 생각이 들었다.

석양에는 그들과 어울려서 우리가 라면을 제공하고, 미군 측에서 맥주를 제공해서 먹고 마시며 향수를 달랬다. 통역은 평소 익살스러운 수송부 선임하사가 국제 공용어 몸짓 발짓으로 했다.

○월○일

건기인데도 덥기는 해도 습도가 낮아 참을 수 있었는데 우기로 넘어가는 계절이라선지 더워도 너무 덥다. 철모에 계란 프라이를 해도 될 정도의 무더운 날씨다. 시원한 음료수 얼음물을 마셔도 즉시 땀으로 배출되고 갈증이 심하다. 나무그늘에 들어가도 열기 때문에 속수무책 덥기는 마찬가지이다. 동료 병사들도

때 아닌 펜티 바람인 걸로 보아 동병상련인가 보다. 냉장고 속에라도 들어가고픈 심정이다. 그러나 이 무더운 날씨에도 베트콩 소탕작전을 하고 있을 동료들에 비하면 우리는 호사가 아닌가? 이럴 땐 시원한 맥주가 최고라고 한 병사가 귀 띔 해 주었다. 모범생처럼 절주하며 지나온 터라 썩 내키지 않았지만 시원한 캔 맥주를 마셔보았더니 갈증이 사라졌다. 늦게 배운 도둑이 날 새는 줄 모른다 했으니 이러다 술꾼이 되지는 않을까?

○월○일

이곳은 우리나라처럼 사 계절이 아닌 건기와 우기로 나뉜다. 건기는 11월 중순경부터 다음해 5월 중순까지이고 우기는 5월 하순부터 11월 하순까지다. 우기 철엔 비가 매일 지겨울 정도로 쏟아진다. 소나기가 한 차례 지나가면 청소한 것처럼 대지는 깨끗하다.

숨 막힐 듯 후덥지근하던 열기도 사라지고 지쳐있던 식물들도 활기가 넘치고 생기가 돈다. 오늘도 장대비가 쏟아졌다. 비가 쏟아지는 숲길은 2미터 앞도 보이지 않는다. 혹여 베트콩의 기습이 있을까 불안해서 숲 속 가상의 적을 향해 요란하게 사격을 하며 지나왔다.

부대 정문을 들어서며 오늘도 무사함을 신께 감사를

○월○일

"남남쪽 머나먼 나라 월남의 달밤
십자성 저 별빛은 어머님 얼굴
그 누가 불어주는 하모니카냐
아리랑 멜로디가 향수에 젖네. 가슴에 젖네."

고향이 그리울 때 향수鄕愁에 젖어 가끔 불렀던 윤일로의 〈월남의 달밤〉 노래 가사다. 우리 최대의 명절 설날이 며칠 후로 다가오고 있는 밤 유난히도 별이 빛난다. 같은 날 이곳 부대로 오게 된 부대 동기생 몇 명이 모여 음료와 맥주를 마시며 고향 얘기로 시간 가는 줄 몰랐다.

고국산천을 떠나온 지가 몇 개월 지나지 않았는데 많은 세월이 흐른 것 같이 고국 산하가 그립다.

연어처럼 고향을 향한 회귀본능回歸本能일까?

오늘 밤도 고향 찾아 별이 흐른다.

5
미련 곰탱이

안전 불감증

세상에는 3가지 부류의 사람이 있다고 한다. 꼭 있어야 할 사람, 있으나 마나 한 사람, 있어서는 아니 될 사람 등이라고 한다. 진도 세월호 사고에서 보듯 갑판 위에서 구출되기 직전에 친구들의 비명 소리를 듣고 구명조끼도 입지 않은 채 배 안으로 다시 달려간 단원고 학생과 "너희부터 나가고 선생님 나갈게." 라며 제자들을 구하다 변을 당한 교사들이 있다. 끝까지 학생들을 구한 여 승무원이 있는 반면 제일 먼저 팬티바람에 구조된 선장과 항해사 조타수 등 승무원들이 있다. 수류탄을 가슴에 안고 부하들을 살린 고故 강재구 소령, 철로 위에 추락한 일본 취객을 살리려다 열차에 치여 사망한 고故 이수현 씨 등 남을 구하려다 사망한 많은 의사자들도 있다.

현재까지의 큰 바다 사고를 살펴보면 1953년 229명이 사망한 창경호 사고, 1970년 319명이 사망한 남영호사고, 1993년 229명이 사망한 우리 지역 위도 훼리호 사고 등이 있다. 또 성수대교, 삼풍백화점 붕괴, 씨랜드화재, 대구 지하철 사고와 최근의 경주 마우나우 사고 등이 안전 불감증과 총체적 부실에 의한 인재人災였음이 그동안 조사에 의해 밝혀졌다.

왜 이런 악순환이 계속되는가? 크고 작은 사고가 날 때마다 안전수칙을 강화하고 제도적 장치를 마련해서 사고가 되풀이되지 않도록 하자며 모두들 떠든다. 하지만 용두사미龍頭蛇尾 소 잃고 외양간도 못 고치는 악순환이 계속되고 있다. 아무리 좋은 제도와 법이 있다고 해도 지켜지지 않으면 아무 소용이 없다.

'산은 산이요 물은 물이로다' 라고 했던 성철스님은 아는 것이 많아도 실천하지 않으면 터럭만 한 가치가 없다고 했다. 왜 꽃다운 학생들이 꿈을 펼치지도 못하고 가야 하는가 하는 물음에 우리 기성세대 모두는 자유롭지 못하다. 돈에 혈안이 되어 인명을 경시하는 악덕 사주社主와 무책임한 종사자들의 비인간적인 행위가 밉지만, 어쩌면 우리 모두 공범자들이다.

그동안 우리는 어떻게 살아왔는가? 경제 우선 정책으로 앞만 바라보며 '빨리빨리' 라며 기초질서는 물론 제반 규정을 지키지 않은 채 급행료와 촌지 떡값으로 적당히 눈감아 줌으로써 사회 곳곳이 썩지 않은 곳이 없다. 썩어도 너무 썩었다.

김수환 추기경은 우리 사회의 여러 가지 불의에 방관하며 간접적으로 묵인해온 우리 자신들의 책임을 사죄하고 용서를 빌어야 한다고 했다.

요즘 세계적으로 슬로우시티slow city가 뜨고 있다. 그동안 빨리 달려온 세월 이제 좀 더디더라도 나 자신 어떤 부류의 사람에 속하는가를 생각하고 우리 자신을 되돌아보자. 젊은이들에게 무엇을 남겨주고 남은 삶을 어떻게 살 것이며 어떤 모습으로 기억될 것인가를 생각하자. 다시 태어날 때는 제발 이 땅에 태어나지 말라는 학생들의 원망의 글이 비수처럼 가슴에 와 박힌다.

뼈를 깎는 아픔이 있더라도 안전 불감증 해소를 위해 설마 하는 생각을 버리고 기초질서 지키기 등의 작은 실천으로 다시는 인재로 인한 큰 사고가 없도록 해야지 싶다.

여성과 지도자

우리나라 최초 여성 지도자는 신라 27대(632~647) 선덕여왕이며 선덕여왕의 뒤를 이어 28대(647~654) 진덕여왕과 통일신라 51대(887~897) 진성여왕이라고 한다. 선덕여왕과 진덕여왕은 탁월한 지도력으로 선정을 베풀고 삼국통일을 이룩하는 기틀을 다지는 등 성공한 지도자로 비쳐진다. 그러나 진성여왕은 행실이 좋지 않아 중도하차했다고 했다. 이 3명의 여성지도자는 왕이 후사가 없어 왕위를 계승한 경우이다.

"경제를 살립시다." 외쳐대던 대통령, 수중에 이십여만 원의 돈밖에 없다던 대통령, "이사람 믿어주세요." 하던 대통령, 청문회장의 스타였던 대통령, 탱크처럼 밀어붙이는 대통령 모두가 비리와 무관하지 않았다. 한때 호남사람들 모두가 한풀이하듯 호남출신의 대선 후보자에게 전폭적인 지지를 해서 대통령에 당선시켰다. 우리 모두가 어느 대통령보다 지연地緣, 학연學緣을 배제한 인사정책으로 모든 국민이 존경받을 수 있는 깨끗한 정치를 펼쳐 줄 것으로 믿었다.

인동초처럼 오뚝이처럼 온갖 고난과 탄압 속에서도 지칠 줄 모르고 저항했던 지도자라서 기대가 더 컸었다. 노벨평화상이라는 업적을 남기긴 했어도 결과는 역대 대통령들처럼 자녀들의 비리 등 다를 바가 없었다. 지역감정의 골은 더 깊어지고 우리가 살고 있는 지역은 홀대로 더 낙후 되는 등 우리의 기대치에 미치지 못해서 실망스러웠다. 지역이기주의로 우리 지역만 특별히 발전되기를 바라는 것은 아니지만 각 지역이 균형 발전 되어야 하지 않겠는가?

지금의 대통령의 자리는 국민 모두의 투표에 의해서 선출되므로 하늘이 내려준다고 할 정도로 어려운 일이다. 아버지의 뒤를 이어 이번 대선에서 당선된 박근혜 대통령의 가문은 공과公課에 관계없이 가문의 영광이 아닐 수 없다. 그러나 선거 결과 확연이 드러난 보수와 진보의 양립, 지역감정 세계적인 경제 불황에 의한 민생문제, 고령화 사회의 노인문제, 국방 외교 문제 등 머리가 아프다. 이번 선거 결과는 역대 남성 대통령들이 측근들의 비리와 정경유착, 논공행상論功行賞 편 가르기 인사정책으로 일관되어 이에 식상한 국민들의 시대적 욕구의 부분적인 결과인지도 모른다. 정치에는 문외한인 나이지만 누구를 지지했든 선거 결과에 순응하며 최초의 여성대통령에게 사뭇 기대하는 바가 크다. 그동안 당선자의 정치행보를 보면 위기 대처능

력과 자신의 말에 책임을 다하려는 모습에서 다소 신뢰가 간다. 51.6%의 과반수 득표는 우연의 일치처럼 5·16 군사혁명을 떠오르게 한다. 산적한 문제들이 많지만 선친인 박정희 대통령이 잘 살아보세를 외쳤던 초심처럼 슬기롭게 잘 풀어 가리라 믿어본다.

요즘 인터넷에서 선거 결과가 노년층이 몰표를 주어서 대통령이 당선된 것처럼 심한 노인 비하 발언이 난무하고 있다. 노인들의 무임승차도 돈이 아깝고 죽어버리라는 등 못된 망아지 엉덩이에 뿔나듯 막말을 한다. 지금의 노년층은 젊은이들의 부모 아니면 할아버지들이다. 초근목피草根木皮 어려웠던 시절 배고픔을 대물림 하지 않으려 무진 애를 썼다. 서독 광부와 간호사로 월남전선으로 중동으로 산업전선에서 허리띠를 졸라매고 뛰었다. 지금도 우리의 먹을거리 생산을 위해 농촌을 지키고 있는 이가 대다수 노인들이다. 그렇다고 노인세대들이 기득권을 주장하며 경제발전의 원천이라고 내세우려는 것은 더더욱 아니다. 왜 노인들을 사회의 골칫거리인 양 폄하하는가? 우리나라는 민주주의를 표방하는 국가이고 전체투표인 수의 절반이 넘는 지지율로 선거는 끝이 났다. 내 뜻과 다르다고 해서 상대를 매도하거나 폄하해서 되겠는가? 너도 늙고 나도 늙고 우리 모두 피할 수 없는 정해진 길이다.

누구 탓을 할 게 아니라 우리 모두 화합하여 행복하고 살기 좋은 국가사회 건설을 위해 매진할때 인 듯싶다.

욕망의 끝자락

가진 것이 29만 원밖에 없다던 전 모 씨와 뭘 믿으라는 건지 "이사람 믿어주세요." 했던 노 모 씨 가 요즘 방송 매체를 타고 있어 화재다. 무고한 수많은 사람이 죽었던 광주항쟁 사건으로 문민 정부시절 사형과 무기징역형을 받았던 사람들이다. 감형을 거듭 지금은 골프를 치며 잘살고 있는 듯하다. 후임 대통령을 잘 만났든지 세월을 잘 만난 건지 천운을 타고난 사람들임에는 틀림이 없다. 그랬으면 하늘과 국민에게 감사하고 자숙하며 추징금 및 세금이라도 시원하게 냈으면 얼마나 좋았을까? 지금까지 2000억대의 추징금을 일부만 내고 16여년을 잘도 버티며 살아왔다. 역대 대통령들이 무엇을 했는지 모르겠다는 불만이 나오도록 후임 대통령들이 직무유기를 했다는 생각이 든다.

현 정부가 추징법을 개정하고 친인척들에게 수사망이 좁혀지자 없다던 돈이 여기저기에서 쏟아져 나오고 있다. 추징금을 내지 않기 위해서 문어발식 분식회계로 돈을 분산 시키느라 얼마나 힘이 들었을까? 차라리 현금으로 처갓집 마늘밭에라도 묻었으면 쉽게 발견되지는 않았을 듯싶다. 이들뿐 아니라 우리나라 역대 대통령들도 친인척 비리로 자유롭지 못했다. 본인 및 자녀 친인척들이 감옥에 가는 불행을 겪어야 했다.

퇴직대통령의 연금이 현직대통령의 95%라면 한 달 수령액이 이천여만 원이나 된다. 교통 통신 그 외에도 각종 혜택이 있으므로 노후에 큰 불편 없이 생활이 가능하다. 하늘이 내린 자리라고 하는 가문의 영광인 그 자리가 왜 불행의 연속일까?

모든 죄와 불행은 마음을 비우고 내려놓지 못하고 더 채우려는 욕심에서 비롯된 것일 듯싶다. 한없는 우리 인간들의 욕망의 깊이를 잴 수만 있다면 그 깊이가 어디까지인가를 재어보고 싶다.

우리나라는 세계 10위권 경제대국으로 국민 모두가 잘사는 것처럼 보이지만 현실적으로 빈부의 격차가 커서 걸식아동과 생활이 어려운 소년소녀 가장 노숙자들도 많다. 노후에 생활고를 비관하며 자살하는 노인들도 있어서 OECD 국가 중 세계자살 률 1위이다. 1인 가구 최저생계비가 월 57만여 원이고 월 백만 원 이하의 보수를 받는 사람도 부지기수다. 요즘 서민들은 돈에 대한 불감증 시대에 살고 있다. 사건이 터졌다 하면 몇 십억 몇 조라는 천문학적 숫자다. 서민들에겐

현실적으로 돈 만 원이 소중하지만 큰돈 얘기가 나오면 남의 나라 얘기처럼 들린다.

시기적으로 추징금에 대한 국민들의 관심이 큰 시기에 추징금 랭킹 1위인 모 그룹 김 모 회장이 귀국했다니 그도 얼마나 큰돈을
내놓을지 기대가 된다. 받지 못하고 있는 추징금 18조를 가지면 생활이 어려운 대학생 등록금과 월 20만 원의 노인 일자리가 몇 개나 생길까 계산하기도 힘들고 머리가 복잡하다. 날로 치솟는 전세금 때문에 힘들어하는 이들에게 서민 아파트를 지어 값싸게 분양한다면 몇 채나 지을 수 있을까 실없는 생각도 해 본다. 비가 오나 눈이오나 바람이 불어도 365일 휴가 한번 가본 적 없이 자영업을 40여년 해 오고 있는 필자도 노후대책이 되어있지 않아서 100세 시대라는 말이 결코 달갑지만은 않다.

미국의 전직 대통령인 지미 카터 대통령은 자리에서 물러난 후 자연인으로 돌아가 분쟁지역을 찾아가고 사랑의 집짓기 운동을 하는 등 봉사활동을 활발히 하고 있다. 정말 아름답고 존경받을 만한 일이다.

이제는 더 이상 퇴직 후 본인 및 친인척들이 감옥에 가는 악순환이 계속되어서는 안 되겠다.

황금물결이 너울대는 아름다운 이 가을 영원히 존경 받을 수 있는 우리나라 지도자가 나오길 간절한 맘으로 기원해 본다.

존경받는 지도자

전북 정읍 태인에 가면 조선 중종 38년(1491-1554) 태인 현감으로 재직 중에 동서남북 네 곳에 학당을 세우고 유학을 가르치고 선정을 펼쳤던 신잠 선생의 선정비(전북 문화재 제105호)와 나무와 석고로 정교히 만들어져 채색된 입상(시도민속자료 제 4호) 신잠 선생 상像 (85.6 ㎝), 부인 상 (76.5 ㎝), 동자 상 (58.5㎝), 시녀 상 (55.5㎝), 호랑이 상 61.5㎝ 등이 있다. 신잠 선생은 세종 때 집현전 학자였던 문충공 신숙주가 증조부이고 아버지는 예조참판을 지낸 신종호이다. 그 당시 목민관 선임의 중요 요건으로는 청렴 근검절약 백성본위의 봉사정신으로 덕행과 신망이 갖추어진 인물을 선정했다고 한다.

그러나 대다수 현감들이 부조리 등 실정으로 2~3년을 버티지 못하고 퇴출되었으나 신잠 선생은 선정을 베풀어 7년 동안 태인 현감으로 재직하다가 강원도 고성군수로 떠나게 되었다고 했다. 그가 떠난

뒤 고을 백성들이 실존 인물임에도 그의 공을 기리고 추모하기 위하여 성황산에 당우(추모관)를 짓고 조각상을 봉안했다고 한다.

매년 정월 초하루와 정월 대보름에 그의 업적을 기리고 고을의 안녕과 국세납부 시에 풍랑과 도둑으로부터 안전하기를 이곳에서 기원했다고 한다.

이 성황당은 1950년경에 낡아서 헐어졌으며, 1998년 항가산 중턱에 새 집을 지었으나, 시설 미비와 보관문제 등 어려움이 있어 옮기지 못하고, 지금은 공공기관 유리관 속에 보관 되어있다. 이 조각상이 국립박물관 100주년 기념사업으로 전주국립박물관에 전시되기도 했다.

전남 순천시 영동에는 고려 충렬왕 때에 이곳 승평부사를 지낸 최석의 팔마비가 있다고 한다. 이 비가 선정과 청렴한 지방관을 기리는 남아있는 선정비 중 오래된 비로 지금도 귀감이 되고 있다고 했다. 낡은 도포를 기워 입고 근검절약 검소하게 지냈다는 이황선생, 청렴

결백했던 영의정 이원익은 퇴직 후 돗자리를 팔아 생계를 유지했다고 했다. 베트남의 호치민은(1896~1969)은 베트남 건국의 아버지요, 민족의 영웅으로 지금도 추앙받고 있다. 그는 농민 출신으로 프랑스 선박요리사로 프랑스로 건너가 일하면서 식민지 해방 운동을 하다가 1930년 인도차이나 공산당을 창립하였다고 한다. 일생을 독신으로 살면서 오직 조국통일과 국민을 위해 일했으며 생전에 유언으로 자기가 죽은 다음에 시신을 화장해서 뿌리고 어떠한 우상화 작업도 하지 말아 달라고 했다고 한다.

그러나 베트남 국민들은 그의 공을 기리기 위해 유언대로 하지 않고 호치민이 사망한 뒤, 시신을 거대한 묘소 유리관 안에 안치하고 수시로 참배하고 있다. 베트남 국민이면 생전에 한 번은 참배해야 한다는 존경심으로 지금도 참배객들의 행렬이 꼬리를 물고 줄을 서 있다고 한다.

그는 조국독립운동을 할 때 항상 다산 정약용의 《목민심서》를 탐독했다고 했다. 1969년 사망 당시에도 그의 곁에는 《목민심서》가 있었다고 한다. 그는 항상 남루한 인민복을 즐겨 입었고 타이어로 만든 슬리퍼를 신고 다녔다고 했다. 또 그의 일가친척들은 그가 국가 주석이 된 한참 후에야 그 사실을 알 정도로 친인척을 멀리했다고 한다.

우리나라 어느 단체에서 조사한 바에 의하면 민선 1기부터 민선 4기까지 약 300여 명의 지방단체장들이 각종 비리로 기소되었고 여론

조사에서 국민 10명 가운데 7명이 우리 사회의 부패가 아직도 심각하다고 했다. 또 가장 법과 질서를 안 지키는 기관이나 단체는 국회와 정치권이라고 대답했다고 한다. 정경유착과 각종 비리로 역대 대통령과 친인척 정치인들이 감옥에 갔고, 지금도 그칠 줄 모르고 악순환이 계속되고 있으니, 참 안타까운 일이 아닐 수 없다. 누구를 탓하겠는가? 우리 모두의 선택의 잘못인 것을…….

다가오는 총선과 대선에서는 지연, 학연, 지역 이기주의를 배제한 올바른 선택으로 세습과 인위적으로 만들어지지 않은 신잠 선생, 호치민과 같은 국민 스스로가 존경할 수 있는 참다운 목민관이 나올 수 있도록 해야겠다.

신잠 선생 입상은 백성들의 자발적인 존경심으로 만들어진 그 희귀성으로 중요한 민속자료로 인정받고 있다. 이런 중요한 보물이 우리 고향 공공기관에 방치되어 있어서 화재 도난 위험도 있고 기온이나 습도에 의해서 훼손될 소지가 있다. 하루 빨리 제대로 된 곳에 보관이 되어 후손들에게 귀감이 되도록 해야지 싶다.

전라복도 全羅福道

'전라복도全羅福道', 그동안 우리 전라북도 도민들이 태풍이나 폭우 등 천재지변으로부터 큰 피해가 없이 비껴갈 때마다 하던 말이다. 지역 감정과 지역이기주의로 편파적인 정책을 펼쳐왔던 역대 대통령과 정치인들에 의해 전라북도는 전국 최하위 낙후지역으로 내몰리고 있다.

지역 균형발전이라는 이름으로 주택공사와 토지공사가 합병한 LH 공사 지방이전 등이 국책사업으로 전북으로 발표되었지만 정권이 바뀌면서 힘의 논리로 경남 진주로 가게 되었다. 전라북도 도민 모두에게 희망을 안겨주었던 새만금 사업도 빛 좋은 개살구처럼 지지부진 표류하고 있는 느낌이다. 그동안 이런저런 이유로 역대 정부와 정치권으로부터 불이익과 소외를 당해온 우리다. 이런 아픔을 하늘이 아는지 천재지변이 비켜 갈 때마다 하늘이 우리를 외면하지 않고 보호한다며 스스로 위안 삼아 '전라복도'라고 한 말이다.

그러나 신은 공평한 것인가? 지난 2011년 8월 9일 정읍지역에 내린 폭우로 공공시설피해 416억, 사유시설피해 681억 등 총 1,097억원과 사망 1명 부상 2명 등 인명피해도 있었다. 그래서 이제는 '전라복도'란 말도 할 수 없게 되었다. 가는 날이 장날이라고 나는 그날 친목모임을 주선한 날이라서 동진강 다리 밑으로 갔다. 곧 비가 그칠 것이라 기대하면서 준비된 먹을거리들을 내려놓고 자리를 잡았다. 그러나 오전부터 내리는 갈수록 더욱 거세어져서 갑자기 강물이 엄청난 속도로 불어나고 통나무와 헌 냉장고 등 갖가지 쓰레기들이 떠내려 오고 있었다. 강물이 우리를 집어 삼킬 듯 우리가 자리한 곳까지 올라와서 위협을 느끼고 허겁지겁 점심을 먹고 철수했다.

이날 내린 비가 사상 유래 없이 하루 440mm가 내려, 저수지가 무너지고 강이 범람하였다. 그리하여 주택과 축사 등이 무너지고, 비닐하우스와 농경지가 침수되는 등 쓰나미가 지나간 것처럼 삽시간에 아수라장으로 변하고 말았다. 그나마 천만다행인 것은 이런 일들이 낮에 일어난 일이라 인명피해가 적었다.

그동안 나는 건물이나 산불을 보면서 불이 무섭다는 생각을 했지만 삽시간에 불어난 물이 속수무책으로 모든 것을 삼켜버리는 걸 보면서 물이 더 무섭다는 생각을 하게 되었다. 복구할 엄두도 못 내고 망연자실한 수재민들을 군관민이 일사분란하게 도왔고, 타 지역에서도 외면하지 않고 물질적인 지원과 자원봉사자들이 찾아와 돕는 등

이제는 어느 정도 복구가 되어 안정을 되찾고 있다. 정부도 이 지역을 특별재난지역으로 선포해서 보상과 지원이 이루어지고 있지만 전체적으로 생각보다 미흡하다고 했다. 설상가상, 계속 내리는 비 때문에 일조량이 부족해서 침수된 논밭에서 농작물이 몇%나 수확이 될 것인지 걱정이 태산이다.

예산 부족으로 정부에서도 어쩔 수 없겠지만 피해주민들이 생계를 유지하며 재기할 수 있도록 최대한 배려해 줬으면 하는 마음 간절하다. 하천부지를 경작하고 있다는 한 노인은 그 논에서 나는 쌀로 1년 동안 식량을 했는데 하천부지는 피해보상농지에 포함되지 않는다며 면사무소에서 접수조차 해 주지 않는다면서 한숨 지었다. 영세 상인들은 몇 천만 원의 피해가 있어도 연 3%의 융자금 외에는 별다른 혜택이 없어서 빚만 늘어간다며 울상을 지었다.

요즘 지구온난화로 기후변화가 심해서 태풍이나 해일, 폭우 등으로 여러 곳에 피해가 자주 있어서인지 신문이나 방송에서도 옛날처럼 수재의연금 모금도 신경을 쓰지 않는다.

지구온난화가 인재냐 천재냐 의견이 분분하지만 분명한 것은 무분별한 개발과 과도한 석유제품 사용 등이 지구기온상승의 원인이며 또 태양표면의 흑점폭발로 인해서 지구 오존층이 파괴되어 기온이 상승한다는 주장도 있다. 이유가 어디에 있든 우리가 당장 해야 할 일은 무분별한 개발을 지향하고 저탄소온실가스를 줄이는 노력이 필요하다. 에너지 절약 일환으로 자동차 경제속도 지키기, 쓰레기 줄이기, 나무 한 그루 심기 등 작은 실천이 중요한 때인 듯싶다.

값없어도 소중한 보물

모든 생명의 원천이며 성장의 원동력인 물(H_2O), 지구의 삼분의 이가 물로 덮여있고 우리 인체의 삼분의 이도 물로 되어 있다고 했다.

다 시들어가던 식물도, 목이 말라 고통스런 동물들도 물이 들어가면 생기가 돈다. 만물의 영장이라 하는 인간도 물 없이는 살 수가 없다. 이렇듯 소중한 물을 나 어릴 때 귀한 줄 모르고 펑펑 퍼 썼다.

세월의 흐름에 따라 두레박질, 펌프질, 수도시설로 이어지며 물은 쓰면 무한대 나오는 것으로 알았다. 초등학교 시절 계속되는 가뭄으로 갈라진 논에 물을 대기 위해 아버지를 따라 나선 적이 있었다. 동진강 지류 농수로를 통해서 물이 우리논 까지 도착하기까지는 거치는 경로가 복잡해서 밤늦게야 흘러 들어왔다. 어렵사리 늦게 까지 만수시킨 논이 아침에 가보니 밑에 있는 논으로 흘러버리고 말았다. 원인규명을 하기 위해 논두렁을 세밀하게 관찰했더니 아무 이상이 없던

논두렁에는 구멍이 나 있었다. 물고기나 다른 생태계의 구멍이 아닌 인위적인 것이었다. 심증은 가나 물증을 잡을 수 없어 다시 물을 끌어 오느라 애를 먹었다. 이래서 물꼬싸움을 하는 것이라는 생각이 들었다.

청년시절 자영업을 하면서 부업으로 몇 마리 소를 기르기 위해 소형관정을 파서 얼마간 잘 사용했다. 그러나 옆에서 원예작물을 재배하던 후배가 대형관정을 판 후로 조금 가뭄이 와도 우리 축사에는 물이 나오지 않았다. 그 사실을 안 후배가 미안했던지 자기네 관정을 같이 사용하자고 해서 불편한 대로 사용했었다.

50여 년 전에 앞으로 물이 석유보다 비싼 시대가 올 것이라며 물도 돈을 주고 사먹어야 한다고 누가 말하면 코웃음을 쳤었다. 그때는 오늘날과 같이 물을 사먹을 거라고는 상상도 못했다. 그러나 농경사회에서 산업사회로 또 인구가 급증하면서 경제우선 정책으로 많은 양의 물이 소비되고 있는 현실이다. 각종 공해로 물은 오염되고 그로 인해서 지하수층이 낮아지고 세계 곳곳에서 강이나 저수지가 말라가고 있다. 신문과 TV방송 보도에 의하면 세계 곳곳의 강도 마르고 물 부족으로 사막의 오아시스가 사라지고 오염된 식수를 마시고 많은 사람들이 죽어가고 있다 했다. 중국의 사막의 황사가 우리나라에 도착하는 시간이 불과 2시간 걸린다고 한다. 사막화가 결코 남의 나라 이야기가 아니다.

세계 곳곳의 분쟁지역은 종교적인 갈등도 있지만 근본 원인은 지하자원을 차지하려는 이해관계로 충돌하는 곳이 많다. 그중에 물로 인한 분쟁이 개인과 지역 국가간에 많이 발생되고 있다. 아마 우리나라 작은 물꼬싸움에서 이미 물 전쟁은 시작되었는지도 모른다.

OECD 국가 중 우리나라도 물 부족 국가이며 장차 물 기근 국가로 예측하고 있다 했다. 이제야 우리 정부도 물 부족 위기를 느꼈는지 탄소 포인트제를 시행하고 있다. 탄소 포인트제란 수도와 전기를 아껴 쓰면 아낀 만큼 개인에게 포인트를 주어 혜택을 주는 제도이다.

정부도 어떤 형태이든 물 부족에 대한 대책을 세우겠지만 우리 개인이 먼저 물 한 방울 전기 한 등이라도 아끼고 자연이 오염되지 않도록 해야 할 일이다. 고마운 줄도 모르고 써온 공기와 물 그리고 자연이 인간들의 횡포로 훼손되고 고갈되고 있다. 그동안 눈에 보이지 않고 값없다고 해서 무관심하며 펑펑 썼던 공기와 물 자연 모든 것을 아끼고 사랑해야지 싶다. (2013.3.7.)

노인과 일자리

정읍시 북부노인복지관 노인 일자리사업 신청자 면접장은 젊은이들의 취업 박람회 현장 못지않게 열기가 대단했다. 320명이 신청한 뒤 면접에서 220명이 선발되었으니, 100명이 탈락했다. 탈락할 것을 예상하고 신청하지 않은 인원까지 합치면 상당수의 노인들이 일자리를 원한다는 것을 알 수 있었다.

노인 일자리에 참가한 노인들 중에는 운동 삼아 용돈이나 벌겠다는 노인들도 있지만 절실히 돈이 필요하고 생활이 어려운 노인들이 참가하기도 한다. 이처럼 노인 일자리 사업은 노인들에게 물질적인 도움은 물론, 아직 노인도 일할 수 있다는 자긍심으로 행복감을 느끼게 해준다.

평균수명의 연장으로 노인 인구가 증가하고 있다. 고위층의 정치 지도자가 복지정책 남발로 국가 부도 위기가 온다고 경고성 발언을 하기도 한다. 한 고위 공직자는 지하철을 65세 이상 노인들에게 무임승차하게 할 필요가 있느냐고 발언하기도 했다. 이 나라 노인 복지정책이 어디로 표류하는 것인지 한심한 생각이 든다.

요람에서 무덤까지 책임진다는 생각으로 선진복지정책을 펼치고 있는 스웨덴의 경우, 거동이 불편한 노인들을 위해서 가급적 버림받았다는 생각이 들지 않도록, 시설로 보내지 않고 자기가 살던 고향집에서 노후생활을 할 수 있도록 해주고 있다고 한다. 거동이 불편한 노인들에게 자택에서 휠체어로 활동하도록 주택구조 개선사업은 물론 돌봄 서비스를 제공하여 편안한 노후생활을 하도록 보장해 주고 있다. 정말 바람직한 복지정책이란 생각이 든다. 말이 요양원이지 잘 적응하지 못하는 노인들은 가족들과 격리되는 것을 버림을 받았다고 생각한다.

나는 40대에 의기투합한 몇몇 친구들과 함께 노년의 이상향理想鄕을 만들자며 경관이 좋은 산골 폐교를 몇 군데 둘러본 적이 있다. 마음에 맞는 사람들끼리 모여 집단으로 주거 형태를 만들고 공동 취사 및 공동생활로 자식들의 부담을 덜어 주자고 했었다. 그러나 물질적 부담과 개개인의 사정에 따라 꿈을 이루지 못하고 이상향의 계획은 물거품이 되고 나 또한 노인이 되고 말았다.

우리나라도 최근에 건강지원, 근로지원, 노후설계지원, 문화 및 사회지원, 노령 연금지원 등 다각적으로 노인 지원정책을 펼치고 있다.

하지만 아직은 구호에 그치거나 수박 겉 핥기처럼 미흡한 부문이 많다.

인간 100세 시대, 공직생활을 했던 노인들은 국가에서 주는 연금으로 다소 여유로운 생활을 하고 있다. 하지만 농·어업인, 소·상공인들은 자식들의 뒷바라지를 하다가 노후대책 없이 노인이 되고 말았다. 홀로 독수공방獨守空房하며 지병으로 고통을 받거나, 한 끼의 끼니를 걱정해야 하는 이들에게는 오래 산다는 것이 즐거운 일이 아니라 오히려 고통일 수도 있다. 어느 시골에 사는, 노인의 안부가 궁금해서 가까운 친척이 전화를 몇 번인가 해도 받지 않아서 찾아가 봤더니, 언제 숨을 거두었는지 모를 정도로 시신이 부패되어 있더라는 안타까운 얘기도 들린다.

애완견은 날마다 목욕을 시키고 산해진미로 호사를 누리며 애지중지 돌본다. 관광지 스키장이나 바닷가 식당에는 젊은이들로 넘쳐난다.

이제 동방예의지국이란 말도 사라졌다. 자식들로부터 전화 한 통 없는 차디찬 방에서 석유 값을 아끼려고 이불을 뒤집어써야 하는 외롭고 참혹한 노인의 삶은 누가 보상해줘야 하는 걸까?

고려장이 옛날에만 있는 것이 아니다. 현대판 고려장은 부모를 돌보지 않고 방치하거나 요양원 등에 맡기고 찾아오지도 않는 행위들이 현대판 고려장이 아니고 무엇이겠는가?

OECD 국가 중 우리나라 노인들의 자살률이 1위이며 전체 국가 평균 19.3명에 비해 무려 8배나 높은 수치라고 한다.

"젊은이들이여, 나도 늙고 너도 늙고 우리 모두 늙는다는 사실을 알게나. 노인 하나를 잃으면 도서관 하나를 잃는다는 말이 있지 않던가?"

정부에서 지원하는 노인 일자리는 하루 3~4시간씩 주 3~4일 근무하고 월 20만 원을 받는다. 그것도 3월부터 12월까지 10개월의 한시적인 일자리다. 하루 종일 폐지를 수집해서 버는 몇천 원의 적은 수입도 노인들에게는 성취감은 물론 존재감을 느끼게 하여 생활의 활력소가 되고 있다.

국가 백년대계百年大計를 위해서 노인들이 사회의 큰 골칫거리인 양, 노인을 골방으로 내몰지 말고 건강이 허락하는 한, 일을 할 수 있도록 국가와 사회가 연구하고 고민해야 할 때인 듯싶다.

(2012. 3. 15.)

기죽지 말고 살자

고령화 사회란 65세 이상 노인인구의 비율이 전체 인구의 7% 이상일 때를 말한다. 14% 이상이면 고령사회 21% 이상을 초고령사회라고 한다. 우리나라는 2000년 7월 1일을 기준으로 65세 이상의 노인이 7.1%를 차지해서 고령화 시대로 진입했고 2020년경이면 평균 수명 연장으로 고령사회로 접어들 것으로 전망하고 있다. 선진국들은 고령사회로의 진입기간이 길어서 노인복지문제를 꾸준히 연구 개선해 감으로 노인들이 큰 불편 없이 생활하고 있다. 그러나 우리나라는 급속한 고령사회의 진입에 비해 노인 복지정책은 거북이걸음을 하고 있다. 최근 국가를 책임질 정치지도자도 노인들 때문에 국가 부도위기라도 오는 것처럼 선심성 복지정책을 남발하지 말라고 경고성 발언을 하기도 했다.

이런 푸대접의 시대를 살아가고 있는 우리 노인 세대들은 기구한

삶을 살아왔다. 36년의 일제강점기와 강대국들의 이해관계 속에 원치 않는 동족상잔의 6 · 25 사변을 겪기도 했다. 4 · 19 의거 5 · 18 민중 항쟁 등 사회혼돈 격변의 시대를 살며 죽을 고생을 다 했다. 가난과 극심한 가뭄으로 굶주리면서 자식들에게 가난을 물려주지 않으려 부지런히 일했다. 지금의 노인 세대는 우리나라가 10대 세계경제대국으로 진입하는 데 기여를 했다. 국가에서 훈장이라도 추서하고 잘 보살펴야 되지 않겠는가?

자식들을 위해 앞만 보고 살아온 지금의 노인세대들은 일부 퇴직 공직자를 제외하고 노후대책이 전무全無한 상태다. 이제 100세 시대를 살아가야 할 우리 노인들이어서 걱정이다. 정부에서 관심을 가지고 노인 복지를 위한 사회 환경조성이 필요한 때다. 그러나 우리 노인세대도 정부만 믿고 감나무 밑에서 감 떨어지기를 기다리지 말고 노후를 준비해야 한다.

정부와 사회가 더 관심을 갖도록 당당히 목소리를 높여야 한다. 선거에서도 노인복지정책을 꼼꼼히 살피고 국가에서 정책적으로 노인들의 편안한 삶을 살 수 있는 정책을 입안하도록 귀중한 표로 심판해야 한다.

동방예의지국 경로효친사상으로 부모를 지극정성으로 모시는 풍토도 점점 사라져 가고 있다. 아직도 정신 못 차린 위정자들은 걸핏하면 예산이 없다며 돈 타령이다. 역대 정치권의 부정부패不正腐敗로 사라진 수십 수백억의 검은 돈, 최근 강물 속에 수장水葬된 수백조의 돈의 일부라도 노인 복지정책에 할애했다면 노인들의 삶의 질이 지금보다는 좋아졌을 것이다. 우리 더 늦기 전에 준비하자. 소극적 삶으로 무의미하게 세월만 보낼 게 아니라 평생학습 자세로 새로운 것에 도전하자. 잠깐 가는 여행도 치밀하게 계획을 세우는데 몇 십 년을 더 살지 모르는 노후생활을 계획을 잘 세워야 하지 않겠는가?

지미 카터 전 미국 대통령은 그의 저서에서 노인이란 본인이 노인이라고 생각하는 때부터 라고 했다. 숫자상 나이는 어쩔 수 없이 먹지만 본인의 노력 여하에 따라 얼마든지 젊게 살 수 있다. 준비하는 자는 즐겁고 편안한 노후를 보낼 수 있다. 적은 돈이지만 노인 일자리에도 참여 하고 경제적으로 도움이 되도록 일할 수 있을 때까지 찾아서 일하자. 항상 긍정적으로 생각하며 매사에 감사하자.

하늘은 스스로 돕는 자를 돕는다고 했다. 모든 길흉화복이 욕심에서 비롯된다. 욕심을 버리고 가능하면 베풀며 살자. 돈을 잃으면 조금 잃는 것이고 명예를 잃으면 많이 잃는 것이며 건강을 잃으면 모두를 잃는다고 했다. 일소일소一笑一少 일노일노一怒一老 웃으면 복이 온다고 했다. 웃으며 살자.

김국환의 노래 타타타 처럼… .

"산다는 건 좋은 거지 수지 맞는 장사잖소
알몸으로 태어나서 옷 한 벌은 건졌잖소.
우리네 헛짚는 인생살이 한 세상 걱정 없이 살면 무슨 재미
그런 게 덤이잖소 음 어 허 허~허."

노년에 찾아온 행운

내 나이 이제 머지않아 칠십대로 달려간다. 앞만 보고 달려온 세월 후회도 미련도 없지만 딱히 내세울 만한 표적도 없다. 그러나 내면에 깔려있는 무엇을 잃은 듯 허전함은 무엇 때문일까? 생각하다가 늦게나마 자아실현을 위해 두드린 곳이 정읍시 북부 신태인 노인복지관이다.

컴퓨터, 영어, 난타 등을 배우고 익히며 서지말 이야기 기자단에 합류 3개월에 한 번 2편의 졸작의 글을 올리고 있다. 특히 전북과학대학에서 운영하는 실버미디어 영상반 교육프로그램은 무미건조한 나의 일상에 활력을 불어 넣어 주었다.

2013년 7월 20일 교육 중에 서울 실버 영화제에 영화 1편을 만들어 출품해 보자는 의견이 모아졌다. 모든 것이 열악하고 더더욱 출품 마감일이 7월 31일이어서 기간이 너무 촉박했다. 그러나 시작이 반이라고 했던가? 시기적절하게 전북과학대에서 시민을 위한 영상제작 과정 전반에 대한 5일간의 교육이 있어서 다행이었다. 디지털 영상제작의 기초에서부터 영상 제작과정, 시나리오 작성, 카메라 촬영, 실전 영상 편집 등에 대해 배울 수 있었다.

폭염과 지루함 속에서도 60~70세가 넘은 만학도들이 젊은이들과 함께 한 과정이라도 놓칠세라 눈을 부릅뜬 배움의 열기는 대단했다. 비록 기초적인 영상제작과정 전반에 대한 짧은 기간의 교육이었지만 초보자들인 우리들에겐 큰 도움이 되었다.

각본을 담당한 나는 '가시고기 같은 사랑'이라는 주제로 줄거리를 만들었다. 단편 영화 제작과정에 수상 경력이 있는 김정훈 강사가 기획 및 촬영 편집까지 총감독을 맡기로 했다. 생각지도 못한 주연 격인 아버지 역할을 맡은 퇴직 목사님이 도덕적으로 도저히 음독자살하는 배역을 할 수 없다고 해서 우여곡절 끝에 내가 주연을 맡게 되었다. 배역결정을 하고 소품 코디 등 모든 것이 전무한 상태에서 장소를 옮겨가며 그때그때 필요한 것은 현지조달하며 민얼굴로 촬영이 시작되었다.

최소한의 제작비를 아끼기 위해서 버려진 농약병을 찾기 위해서 마을 뒷산을 뒤지기도 했다. 병원 신Scene을 촬영할 때는 주위사람들이 관심을 보여서 마치 인기인이 된 듯한 착각도 했다. 연기를 해본 경험이 없는 5일간 교육을 받던 교육동기생들이 주연 및 조연배우로

등장했으니 자다가도 웃을 일이다. 오전에는 교육 오후엔 영화촬영을 강행군, "레디 액션Ready Action" 카메라 앞에 서면 평소 자연스럽던 행동과 짧은 대사도 부자연스럽고 어색해서 엔지NG를 냈다. 카메라를 의식하지 않으려 해도 시선이 그쪽으로 쏠리고 자꾸 신경이 쓰여서 애를 먹었다. 어설픈 연기와 우스꽝스럽고 부자연스러운 서로의 모습을 보며 폭소를 터트리기도 했다. TV에 나오는 몇 초의 광고 한 편을 만들기 위해서 많은 비용과 시간이 소비된다고 해서 전엔 이해가 되지 않았는데 이제 알 듯하다. 레드카펫을 밟는 배우들이 예전엔 화려하고 좋게 보였는데 내가 경험해보니 그들도 참 힘들겠다는 생각이 들었다. 영화 한 편이 완성되기까지는 연기자와 그에 따르는 많은 사람들의 노력이 필요했을 거라는 생각이 들었다. 영화에 관한 모든 것이 문외한이었던 노인들이 이틀 만에 13분짜리 단편영화를 만들었으니 가히 우리는 영화 만들기 천재들인지도 모른다.

교육이 끝나는 날 가편집을 해서 시사회 겸 평가 회를 했다. 좀더 연기를 연습하고 노력했으면 하는 아쉬움과 후회 속에 영화 만들기 일정은 끝이 났고 서울 실버 영화제에 출품했다.

제6회 서울실버영화제에서 본선에 올랐다는 연락이 왔다. 이제 주사위는 던져졌으니 서울실버영화제에서 상을 받든 못 받든 평생학습 차원에서 배우고 익힌 결과로 노년에 찾아온 행운을 감사해야지 싶다.

가끔 파노라마처럼 서툴렀던 영화촬영장면이 스쳐 지나가면 나도 모르게 배시시 미소가 지어진다.

독거노인 위안잔치

'땅도 땅도 내 땅이다. 조선 땅도 내 땅이다.'

흥겨운 농악단의 삼채장단으로 식전행사가 시작되었다. 내빈 포함 600여 명의 어르신들로 초등학교 강당 안은 입추의 여지없이 성황을 이뤘다.

행사 전날 비 소식이 있어서 걱정이 되었다. 아침에 일어나 하늘을 보니 어른신들을 진심을 다해 모시려는 우리 회원들의 기도가 하늘에 통했는지 해님도 방긋 웃으며 오늘의 잔치를 축하하는 듯했다. 아침부터 회원들은 계획대로 지정 받은 마을 회관을 찾아가 차량으로 어르신들을 모셔왔다.

오늘의 독거노인 위안잔치는 필자가 라이온스 회장 재임 시에 봉사사업으로 진실된 봉사는 어떤 것일까? 고심 끝에 역점사업으로 채택해서 올해 7회째 연이어 해오고 있다. 해를 거듭할수록 더 잘하려는

후배 회장들의 왕성한 의욕으로 그 규모가 커지고 있다.

상다리가 부러질 정도로 수육, 떡, 과일, 음료, 술, 식사 등 어느 회갑, 고희연에 뒤지지 않는 다양한 메뉴의 음식들을 부인회원들이 정성껏 준비했다. 곱게 한복을 차려입은 부인회원들은 친 부모를 섬기는 마음으로 천사처럼 미소를 지으며 음식 나르기에 바빴고 남자회원들도 술과 음료수를 나르는 등 분주히 움직였다.

태인라이온스 클럽은 1975년 5월 24일 34명으로 창립, 올해 37대 55명의 회원이 연 초에 세운 사업계획대로 왕성한 활동을 하고 있다. 면단위의 열악한 인적자원과 경제적으로 어려운 환경과 조건임에도 의욕적으로 봉사 활동을 하며 오늘에 이르렀다. 그동안 소재지 교통

신호등 꽃 박스 설치, 송아지입식사업, 장학금 지원, 불우이웃돕기, 문맹퇴치 무료한글교육, 개안시술알선, 도배장판 교환, 가택수리, 장애인 결손가장 돕기, 독거노인 위한잔치 등 다양한 봉사 사업을 펼쳐왔다. 그 공을 인정받아 지구본부로부터 최우수 클럽으로 선정되기도 했다.

독거노인 위안 잔치는 흥겨운 국악한마당 각설이 타령 JTV 전북방송 프로그램 녹화 중계와 많은 가수들의 노래와 함께 3시간에 걸쳐 펼쳐졌다. 어르신들은 아쉬운 듯 자리를 뜨며 오랜만에 융숭한 대접을 받아 즐겁고 행복했다며 고마워했다. 어르신들의 집까지 오고가는 차량을 손수 운전하며 열과 성을 다해 묵묵히 봉사하는 고마운 후배들을 보면서 아직은 노인 문제가 희망이 있다는 생각이 들었다.

날로 각박해져가는 세상, 자식들마저 곁을 떠나 어르신들은 뼛 속 깊이 파고드는 외로움에 오늘도 몸서리친다. 목이 긴 사슴처럼 행여

자식들의 소식을 기다려 보지만 무심한 땅거미만 찾아든다.

어느 어르신이 소식이 없어 찾아갔더니 언제 죽었는지 분간할 수 없을 정도로 부폐腐廢해 있었다는 소식을 종종 들을 때마다 안타까운 생각이 든다.

동방예의지국인 우리나라가 왜 이 지경이 되었을까? 변화무쌍한 세월 탓만 할 일도 아니다. 언제부터인가 병적으로 변해버린 우리 모두의 무관심의 소치는 아닐까? 우리 모두 늙는다는 것을 생각하며 칩거하여 질병과 외로움에 지쳐 고통 받고 있는 내 이웃 어르신은 없는지 살펴볼 일이다.

물질적인 도움도 중요하겠지만 더불어 사는 사회 외롭지 않도록 관심을 가지고 살펴서 말동무라도 되어 드려야 되지 싶다.

암보다 더 무서운 질병

요즘 모든 사람들이 공포에 떠는 암은 의료기술의 꾸준한 발전으로 생존율이 점점 높아지고 있다. 그러나 치매는 한번 걸리면 완치가 거의 없는 무서운 병으로 알려지고 있다. 가족도 알아보지 못하는 무서운 병이라는 것을 알면서도 우리는 강 건너 불 보듯 치매에 대해 별 신경 쓰지 않고 살고 있다.

2014년 1월 9일자 한겨레 신문 보도에 따르면 D시에 사는 50대의 자녀가 96세 치매가 있는 어머니를 돌보다가 모친을 살해하고 스스로 목숨을 끊었는가 하면 모 연예인의 부친은 치매를 앓는 부친을 숨지게 한 뒤 스스로 목숨을 끊었다. 또 경북 청송에서 치매를 앓는 부인을 4년여 돌보다 아내를 승용차에 태우고 저수지에 뛰어들어 목숨을 끊었다. 이외에도 보도를 통해 이런 소식들이 간간이 전해져서 안타깝다.

평소 필자는 2년에 한번 국가 건강검진을 할 때에 다른 신체부위는 검사 하지만 머리(뇌)부위는 하지 않는 것은 잘못된 제도라는 생각이다. 2012년 주위의 치매환자와 그 가족들의 힘든 생활을 보며 평소에 암보다 더 무서운 병이 치매라는 생각이 들어서 머리부분 검진 결심을 하게 되었다.

그 시기 60대 중반의 나이에 자동차 키를 손에 들고 허둥대며 찾기도 하고 오랜만에 만난 친구의 이름이 생각이 나지 않아 끙끙대며 애를 먹었던 일들이 가끔 있었다. 처음엔 나이 탓이려니 했지만 횟수가 거듭될수록 불안한 생각이 들어 병원을 찾았다. 자초지종 증상을 애기하고 큰 맘 먹고 치매검사 MRI 촬영까지 했다. 검사 결과 미세한 뇌혈관 세포가 죽어가고 있어서 치매 및 뇌졸중이 올 수 있는 밑 단계에서 발견이 되어 다행이라고 했다. 처방된 약을 복용하고 몇 년째

기억력도 그런대로 좋아져서 큰 불편 없이 생활하고 있다.

옛날엔 으레 나이가 많으면 노망기가 온다고 했으나 노화로 인해서 오는 건망증과 치매는 다르다. 태어날 때 지적인 장애를 안고 태어난 사람을 정신지적장애라 하고, 살다가 뇌기능의 손상을 입어 오는 질병을 치매라고 했다.

건망증은 정상적인 퇴행성 노화과정이지만 치매는 질병에 속한다. 치매는 개인의 삶 자체를 송두리째빼앗아갈 뿐 아니라 장기간 가족 전체 정신적 · 경제적 · 육체적인 고통을 줌으로써 그들의 삶도 황폐화시킨다.

100세 시대 오래 산다는 것이 결코 반가운 일만은 아닌 듯하다. 요즘 노인들의 대화 속에 진담 반 농담 반으로 억세게 재수 없는 사람이 100세 이상 살고 재수 좋은 사람은 100세 이전에 죽는 사람이라는 우스갯소리도 들린다. 그 이면에는 각종 질병으로 인한 건강상 문제와 경제적 불안에서 오는 부담이 큰 것 같다.

오직 자식들을 위해서 노후 대책 없이 헌신적으로 살아온 시골노인들에겐 건강을 유지하며 오래 산다는 것이 경제적으로도 큰 부담이 아닐 수 없다. 그래서일까? 요즘 중 · 노년층의 술좌석의 건배사에 구구팔팔이삼사(99, 88, 2, 3, 4) 가 있다. 구십구 세까지 건강하게 팔팔하게 살다가 이삼 일 앓다가 죽는다면 얼마나 복 받은 죽음일까?

모든 사람들의 소망일 것이지만 사람의 힘으로 어쩌지 못 하는 일이니 안타깝다. 놀랍게도 노인인구 10명 당 1명이 치매환자라니 치매도 암과 함께 의무적으로 2 년에 한번이라도 검사할 수 있도록 지원을 하고 치매 조기발견에 힘써야 할 때다. 치매를 조기 발견함으로 가족들을 정신적 경제적인 고통에서 벗어나게 하고 치매 치료 및 관리에 소요되는 많은 돈을 절약하기 위해서라도 이 제도가 빨리 정착되어야겠다.

우리 노인세대들은 건강하게 사는 것이 본인은 물론 자녀와 가족들을 도와주는 것이란 긍정적인 생각으로 적당한 운동을 하며 즐겁게 생활하자.

건강한 삶을 유지 하기위해. 욕심을 내려놓고 벗들과 어울리며 기름진 음식은 되도록 적게 먹고 손을 많이 움직이며 평소 많이 웃자. 사전에 뇌 CT 및 MRI 검사로 치매를 조기발견 치료해서 소 잃고 외양간 고치는 일이 없도록 해야지 싶다.

마음이 약해서

나는 ○○시노인복지관 은빛예술단의 일원으로 월요일과 금요일 일주일에 두 번, 한 시간씩 연습 겸 농악놀이를 한다. 농악놀이 세 마당이 끝난 어느 날 반장이 우리단원들을 불러 모았다. ○○호 국화축제준비위원회에서 우리 예술단을 초청했다고 했다. 만 원을 내면 관광버스와 중식, 그리고 약간의 간식까지 제공하고 국화전시장과 그 지역의 관광지까지 관광할 수 있단다. 그렇잖아도 예술단 야유회를 계획하고 있던 터라 좋은 기회라며 모두들 참여하자며 좋아했다.

다소 들뜬 기분으로 관광이 약속된 날 아침 집을 나섰다. 지정된 장소에 도착하니 이미 관광버스는 와 있었고 먼저 온 단원들이 삼삼오오 모여 즐거운 표정으로 담소를 나누고 있었다. 시간이 되자 관광버스는 출발했다. 이미 탑승해 있던 40대로 보이는 중년여인이 안내양을 자처하며 특유의 유머로 분위기를 한껏 띄웠다. 즐거운 가운데

30분이 지나 버스는 우리 지역을 벗어나서 충정도로 접어들었다.

분위기를 띄우던 그녀가 오늘의 즐거운 관광을 위해 협찬 받은 곳이 있는데 제품을 사지 않아도 좋으니 공장 두어 군데를 견학하는 것을 이해해 달라고 동의를 구했다. 좀 찜찜하긴 했지만 견학 정도는 어쩌랴 싶기도 하고 물건을 사지 않으면 된다는 생각이 들었다. 버스가 공장에 들어서자 이곳저곳에 여러 건물들이 늘어서 있었다. 놀라운 것은 관광지도 아닌데 주차장엔 전국 각지에서 몰려온 관광버스가 여기저기 많이 주차되어 있었다.

믿음을 주려는 듯 ○○도로부터 우량기업으로 선정되었다는 현수막의 문구가 눈에 확 들어왔다. 우리처럼 막 버스에서 내린 많은 사람들이 무리를 지어 건물 안으로 인솔자를 따라 들어가고 있었다.

우리 일행도 안내자의 인솔로 공장안 제품설명회 장소로 이동했다. 설명회 장소는 여기저기 많이 있는 듯했고 우리가 들어서자 보조원인 듯한 아가씨들이 반기면서 자리에 앉기를 권했다. 이어서 50대 남자가 청산유수와 같은 말솜씨로 만병통치약인 양 인삼 관련 제품을 장황하게 소개했다. 제품 설명이 끝나자 아가씨들이 우르르 달려와 아버님, 어머님 하며 제품을 구입해 줄 것을 종용했다. 서로의 눈치를 보는 가운데 몇 사람이 제품을 샀다.

나는 이런 곳에서 제품을 구입하여 복용한 뒤 별 효과도 없고 제품 가격만 비싸다고 후회하는 이들을 자주 보았기에 끈질기게 구매를

충동하는 아가씨들의 유혹을 잘 참아 넘겼다. 자기네들이 원하던 만큼 반응이 시원치 않자 이 회사의 사장이라는 중후한 미남 형 중년신사가 다시 들어왔다. 본인도 고향이 우리가 사는 인근이라며 전주에 있는 이름 있는 종합병원에서 과장으로 수년간 근무했다고 자신을 소개했다. 고향에서 오신 분들이라서 자기 명예를 걸고 품질을 보증한다면서 건강에 좋은 제품이라고 강조하며 믿어도 된다고 했다. 동향인이라는 그의 말에 신뢰가 가는지 여기저기에서 제품을 구매하느라 분주했다.

군중심리였을까? 충동구매를 부추기는 것을 잘 참아내던 나도 그 분위기에 휩쓸려 제품을 구입하고 말았다. 제품구입으로 시간이 흐르고 개운치 않은 기분으로 관광 아닌 관광은 별 재미없이 끝이 났다.

그 후 제품을 복용했으나 별 효과를 보지 못하고 다시는 속지 않으리라는 후회만 남았다. 돈 버는 것도 좋지만 고향까지 팔며 감언이설로 충동구매를 유도하는 사기성 상행위를 일삼는 그들의 파렴치한 상도의가 얄밉다.

전국적으로 노인들을 대상으로 하는 불법 홍보관에서 1년에 거두어들이는 판매액이 7조 원에 이른다고 하니 놀라운 일이다.

100세 시대 이들로부터 피해를 당하는 사람들이 대부분 노후대책이 불분명한 경제적으로 어려운 노인들이다.

정부에서도 하루 속히 이런 유형의 상행위를 규제하는 강력한 조치를 취해서 서로 믿는 사회가 이루어질 수 있도록 해야지 싶다. (2008. 4.13.)

미련 곰탱이

온 국민이 열광하는 축구의 기원에 대해서 중국이 종주국으로 자처하고자 온갖 노력을 다하고 있다.

고대로부터 축구경기와 비슷한 경기가 여러 나라에 있었다고 한다. 신라의 축국, 일본의 게마리, 중국의 츄슈 등이 있었고, 6~7세기경 그리스에서도 하르피스톤이라는 경기가 있었다고 한다. 하르피스톤이라는 경기가 로마로 전파되면서 군대 스포츠로 발전했고, 로마가 영국을 침략하면서 영국으로 전파되어서 1863년 영국 런던에 축구협회가 결성되었다고 하니 현대축구의 종주국은 영국이라고 보는 것이 옳을 듯하다.

나는 어려서부터 축구를 좋아했다. 특별히 소질이 있는 것은 아니었지만 어려웠던 1960~70년대 마땅한 놀이가 없어서 인원만 있으면 손쉽게 할 수 있는 것이 축구였다.

그 시절의 놀이로는 자치기, 굴렁쇠 굴리기, 팽이치기 등이 있었다. 또 한국전쟁 직후라서 그랬는지 이웃마을과 편을 가르고 밤에 대나무를 휘어서 만든 활로 일정한 간격을 두고 불화살을 쏘기도 하고, 헌 고무신에 불을 붙여 손으로 빙빙 돌리기도 하였다. 또 빈 깡통에 구멍을 뚫고 나뭇가지나 솔방울을 넣어 불을 붙인 뒤에 쥐불놀이를 하듯 돌리기도 했다. 고무신과 깡통에서 튀어나온 불똥으로 가벼운 화상을 입기도 했었다. 자칫 잘못하면 큰 사고로 번질지도 모르는 전쟁놀이를 왜 했는지 지금 생각하면 아찔한 생각이 든다.

그 시절에는 모두가 가정형편이 어려웠고 축구공이 귀하였다.

명절이나 특별한 날 동네에서 돼지를 잡으면 돼지 오줌보를 가지고 와서 대나무 대롱을 끼워서 바람을 넣어 둥그렇게 부풀어 오르면 입구를 묶어서 공으로 사용했었다. 볏짚으로 새끼를 꼬아 둥그렇게 만들어 축구공으로 사용하기도 했다. 경기규칙도 지금처럼 엄격하지 않았다. 11명으로 인원을 제한하지도 않았고 3명으로 교체인원을 둘 필요도 없었으며, 자연스럽게 경기하는 공간에 따라 가능한 한 최대 인원으로 경기를 했다.

공이 무거워서 공중에 잘 뜨지 않기 때문에, 일부러 공을 잡지 않으면 핸들링 반칙을 적용하지도 않았고, 직간접 후리킥, 페널티킥, 푸싱 등의 여러 가지 파울규칙이 필요치 않았다. 전후반 45분씩 90분의 시간제한도 없이 지치면 그만 끝나기도 했지만 돼지오줌보로 만

든 공을 밟아서 터지면 경기가 끝나기도 했다.

군 시절에도 중대 대항 축구 시합이 있으면 몸이 빠르다고 선수로 뽑혔다. 체계적으로 배우지 않았기 때문에 개인기는 없지만 몸이 빠르다고 총알, 오토바이라는 별명이 붙기도 했다.

군에서 하는 축구는 상대편을 이기면 특식 제공이나 즐거운 회식 시간이 되기도 하지만 지는 날에는 단체기합이나 그에 상응하는 대가를 치러야 했다. 그래도 내가 좋아하는 운동이라서 즐거운 마음으로 경기에 임했다.

제대하고 고향으로 돌아와 자영업을 하면서도 조기축구회에 가입해서 새벽마다 학교 운동장으로 나가 축구를 했다.

내가 사는 곳은 조그마한 면소재지이지만 옛날부터 선배들이 삼남 축구대회 등 도 단위 대회에서 명성을 날리기도 했다. 내가 속한 조기축구회도 읍면동대회나 조기축구회 축구대회에서 상대할 팀이 없을 정도로 우승을 휩쓸었다.

전주시에 있는 조기축구회와 공설운동장에서 친선경기도 하고, 서울 조기축구팀과도 서로 오가며 친선경기를 하기도 했다. 그러던 중에 40대 중반에 다른 팀과 친선경기를 하다가 심하게 부딪쳐서 쓰러졌다. 쓰러지면서 펴진 다리가 굽혀지질 않아서 일어설 수가 없었다. 물파스를 바르고 동료들이 마사지를 해서 한참 후에야 일어설 수 있었다. 그 뒤에 통증도 없고 생활하는 데 불편하지 않아서 병원엘 가지 않고 지냈다.

문제는 그 뒤 경기가 있을 때마다 조금만 부딪쳐도 힘없이 넘어졌다. 나이가 들면서 부상의 두려움 속에 축구를 그만둘까 생각할 즈음 시골 인구의 격감으로 조기축구회도 침체에 빠져서 축구를 그만두고 등산을 하기 시작했다.

산행山行 중에 무릎관절에 통증이 왔다. 병원에 가서 MRI 촬영을 한 결과 인대 한 개가 부러져 있고 관절 연골도 많이 나빠 있었다. 왜 진즉 치료를 하지 않고 그냥 방치했느냐는 의사의 책망을 들었다.

치료시기가 너무 늦었고 나이가 많아서 인대 수술은 불가능하다고 했다. 소 잃고 외양간도 고치지 못할 처지가 되어 버렸다. 건강은 건강할 때 지켜야함을 알면서도 미련 곰탱이 처럼 살아온 무지의 세월을 후회를 해본다.

딸딸이 할아버지

나에겐 2남 1녀의 자녀가 있다. 장남과 차남은 결혼을 했고 막내딸은 아직 미혼이다. 같이 한 집에 살고 있는 장남이 딸이 셋이 있고 차남도 딸만 둘을 두었다. 딸 손녀만 다섯 그래서 딸딸이 할아버지다. 차남은 직장 따라서 서울에 살고 있고 장남은 우리 부부와 3대가 같이 살고 있다.

일찍 잠에서 깨어 뒤척이면 똑똑 노크 소리와 함께 눈을 비비며 손녀들이 아침인사를 하러온다. 큰손녀와 여덟 살 손녀의 배꼽인사 받기에 아침부터 바쁘다. 항상 실속 없이 덤벙대는 열두 살 큰손녀는 미운오리새끼처럼 심부름을 시키면 못들은 척 딴청을 부리기도 하고 컴퓨터와 스마트 폰만 보이면 때와 장소를 가리지 않고 게임 삼매경에 빠진다.

늦장을 부리다가 등교 시간이 늦어지면 "제발 제발."을 연발하며 학교까지 차를 태워 달라 조른다. 가끔 상상도 못한 황당한 돌직구를 날리기도 하고 자기 맘에 안 들거나 뜻대로 되지 않을 땐 "헐." 하고 불편함을 표시하기도 한다.

둘째 손녀는 실속파여서 눈치껏 재롱을 부려서 귀엽다. 슈퍼 앞을 지나려면 할아버지를 끌고 슈퍼로 들어가 맘에 드는 물건을 고르고 강압적인 자세로 계산을 하라고 계산대 앞에 서 있어서 꼼짝 못하고 주머니를 털리고 만다. 자기의 생일이 가까워지면 달력에 표시를 해 놓고 꼭 선물을 사주어야 된다며 주입식 세뇌공작을 하기도 한다. 그로 인해서 주머니가 가벼워져도 아깝지가 않고 허허 입가에 행복한 미소가 번진다.

둘째 손녀는 커서 돈을 많이 모아서 할아버지에게 양복은 물론 좋은 자동차와 비행기까지 사주고 할머니는 화장품, 한복, 용돈도 많이 준다고 큰 소리 친다. 비행기를 사주면 운전할 수 있느냐고 되물어서 실소를 금할 수가 없었다. 뻔한 거짓말인 줄 알면서도 딸딸이 할아버지는 기분이 나쁘지 않다. 내리사랑이라고 아들 딸을 기를 때와 또 다른 기분이다.

셋째 손녀딸이 태어나고 100일이 지나자 눈을 마주치며 방긋방긋 천사처럼 해맑게 웃을 때 탁한 영혼이 맑아지고 있던 병도 달아나는 것 같다. 두 큰손녀들이 시도 때도 없이 아기가 할아버지 할머니를 좋아한다며 아기를 안겨 주어서 몇 시간씩 손녀를 보기도 한다.

때론 힘들기도 하지만 귀엽고 사랑스러워서 힘든 것이 반감된다. 별로 웃을 일이 없는 나이에 천사표 손녀 미소에 보약을 먹은 것처럼 좋다. 손녀들이 외가에라도 간 날은 온 집안이 텅 빈 것 같아 가끔 밖을 내다보게 된다. 서울에 사는 둘째 아들이 영상통화로 귀여운 두 손녀들을 보여 준다. "할아버지 할머니 사랑해요." 고사리 같은 손으로 하트를 그리면 우리는 저절로 웃음꽃이 피고 행복하다.

지인들은 딸 손녀만 다섯이라서 아들 손자가 없어 서운하겠다고 말하지만 인간의 힘으로 될 수 있는 일도 아니므로 건강하게 잘 자라 주는 것만으로도 감사하고 고마울 따름이다.

100세 시대라고 말들 하지만 노인 자살 세계 1위인 우리나라다.

젊은이들이여, 가는 세월 잡을 수 없듯 한번 돌아가신 부모님은 영

영 돌아오지 않는다.

필자도 효도를 받을 칠순의 나이임에도 부모님 생각이 나면 때늦은 불효를 후회하며 울컥 눈가가 붉어진다. 부모님에게 물질적인 도움도 필요하지만 손자손녀들과 자주 전화하도록 하고 종종 찾아뵙는 것을 권하고 싶다.

손자손녀들의 재롱과 안부 전화가 노년의 최고의 보약이며 힐링 Healing이다. (2014.1.25.)

아들들에게

언제나 든든한 버팀목 우리 아들들! 어버이날에 이 편지를 보낸다. 아빠 엄마는 결혼 후 어렵게 살았지만 너희들만큼은 어떻게든 대학까지는 가르치고 남에게 뒤지지 않는 아들로 잘 키우자며 열심히 살았다. 때론 종아리도 때리고 도가 지나치면 폭력에 가까운 매질을 하며 그것이 자식에 대한 사랑으로 잘못 알고 살았다.

지금 생각해 보니 부모의 잣대로 판단하고 사랑 아닌 집착으로 모범답안지를 찾으려 했으니 너희들이 상처받고 얼마나 힘들었을까, 정말 미안하구나.

어쩌면 우리의 단순하고 맹목적인 행동이 너희들을 통해서 못 배운 한을 풀어 대리 만족을 채우려 했는지 모른다.

그 시절 어떤 부모든 다 보내는 대학인데 우리는 너희들에게 대학만 가르쳐 주면 부모의 도리와 책임을 다하는 것처럼 말했다.

대학 졸업까지는 우리가 책임을 질 테니 그 후는 너희들이 자립하라고 세뇌 시키듯 했으니 말이다. 아마 우리의 그릇이 작아 미래에 대한 자신이 없어 미리 선을 그으려 했는지 모른다.

평소 크게 속 한번 썩인 적 없는 착한 우리 아들들!

너희들이 성장하여 자리를 잡고 결혼도 하고 우리와의 약속을 지키기라도 하듯 부모 도움 없이 잘살아주니 고맙구나. 그러나 부담스러운 사교육비와 하늘 높은 줄 모르는 전세 값 때문에 돈에 맞춰 철새처럼 이사 다니는 걸 보면 마음이 아프다.

능력 있는 부모들은 대기업도 물려주고 주위 웬만한 사람들도 집 한 채 정도는 사준다는데 무능한 부모를 만나서 고생들을 하는구나.

열심히 산다고 살았는데 요즘 어떻게 살았기에 이 모양일까 자책하며 우리가 얼마나 무능했는지 뼈저리게 느낀다. 그래도 불평 한마디 하지 않고 직장을 오가며 애쓰는 너희들을 볼 때마다 마음이 짠하다.

고물가 시대에 생활하는데도 빠듯할 텐데 각종 기념일에 우리 용돈까지 챙기니 단지 부모라는 이유로 받아야 하는지 염치가 없구나.

아들들!

100세 시대 수명연장으로 노인인구는 늘어가고 상대적으로 젊은이들의 부담이 가중된다니 걱정이구나. 얼마를 더 살아야 할지를 모르는 안개 같은 미래를 생각했다면 더 열심히 살며 준비 했어야 했는데 후회뿐이다.

이제 아빠 나이도 칠순, 회고해 보면 자영업을 하면서 성격 탓도 있었겠지만 바쁘다는 이유로 자상하게 놀아 준 적이 없는 무정한 아빠였다.

가난한 가정의 장남으로 태어나 아버지, 어머니, 동생들이 있어서 뒤를 돌아볼 겨를도 없이 정신없이 살았단다. 그동안 혹 우리의 독선과 아집으로 인한 언행과 행동으로 마음에 상처가 되었다면 용서를 빈다.

사랑하는 아들아, 부탁 하고픈 말이 있다. 피는 물보다 진하다고 했다. 세상이 어떻게 변하든 어떤 상황이든 너희들 삼 남매 서로 이해하고 사랑하며 상호협력으로 화목하기를 간절히 바란다. 그것이 우리에게 주는 최고의 선물이다.

언제나 든든한 아들들! 그리고 딸 같은 며느리 선진이, 건희, 금쪽 같은 우리 손녀들 사랑한다.

(어버이날에)

시대의 질곡 속에 핀 꽃

온 영 두
(전북동화중 교장, 전북교총회장, 문학박사)

필자의 얼굴과 말에는 역사가 새겨져 있다. 한 줄 한 줄의 주름이 삶의 경륜이요 역사의 발자취이다. 또한 마디마디의 언변이 삶의 깊이가 서려 있다.

사람은 누구나 과거가 있다. 그 과거의 이야기가 삶의 역사로 나타난다. 한 인간의 살아온 흔적이 글로 표현되면 시대의 역사로 자리매김 된다. 시대의 질곡桎梏을 겪으며 쌓아온 경험과 체험이 생생이 전달될 때 우리는 추억의 정을 공감하게 된다. 먼 훗날 동 시대, 동 지역에서의 삶의 질곡을이야기할 때면 같은 연배의 사람들은 스스로가 과거로 회향하게 된다. 희로애락喜怒哀樂의 그 삶의 추억이 가슴을 적시어 눈을 지그시 감기게 하는 것이다.

이 글에는 필자 자신의 삶의 과정이 진솔하게 그려져 있다. 하나의 포장도 없이 체험 그대로를 표출시켜 냈다. 수필이라는 문학적 기교와는 거리가 멀다. 전문적 글쟁이들은 그래서 혹평을 할 수도 있겠지만 진솔성이라는 수필요소 하나만으로도 감동을 주기에 충분하다. 문학의 목표를 '감동'이라고 좁혀 생각하면 진솔함을 보여준 이 글은 생명감이 있다고 할 수 있다.

넓게는 공화국 시절의 정치적 소용돌이의 모습, 월남전 참전에 비춰진 인간애, 시대 변천에 따른 문화가 있다. 좁게는 추억 짙은 어린 시절의 성장과정 속에 겪은 이야기, 한 생을 애틋한 모습으로 살아가신 어머니의 눈물겨운 이야기, 부부의 삶의 애환, 한없는 자식사랑의 고백 등등 소박함과 진솔성이 우리의 가슴을 뭉클하게 만든다.

필자는 올곧은 삶을 살아왔다. 태생부터가 편안하고 소박한 사람이다. 글을 보면 조상 대대로 착하고 심성 좋은 집안인 듯싶다. 한 편의 글마다 따뜻한 인간주의 정신인 휴머니즘을 느낀다. 형식이나 가식도 없다. 느껴온 그대로를 글로 옮겼다. 스토리가 진한 여운을 남겨준다. 그래서 투박한 느낌이지만 인간의 채취와 정취가 물씬 풍긴다. 글도 그렇지만 필자를 뵐 때마다 따뜻한 정 때문에 매료魅了가 된다.

이 글에서 한 사람의 일대기를 보는 듯하다. 참 정답고 따뜻하고 온화하며 좋은 분임을 느껴본다. 인간주의를 바탕으로 정직과 사랑과 신뢰를 보내신 분이렷다. 글 속에 사람이 들었다는 말을 본 책에서 발견한 것이다.

열심히 존경을 받으며 살아가는 것도 어렵지만 자신의 생을 글로 담아 책으로 엮어낸다는 것 또한 어려운 일이다. 생의 말미에 그 동안의 경륜을 응축하여 옥구슬로 장식한 필자의 성실함과 삶의 자세에 존경을 표하고 싶다. 아울러 진국 같은 삶의 교훈을 실타래 풀 듯 계속적인 작업이 이루어지길 고대하면서 서평에 가름한다.

장춘배 수필집

실버 만세

인쇄 2014년 12월 26일
발행 2014년 12월 29일

지은이 장춘배
발행인 서정환
펴낸곳 신아출판사

주소 전북 전주시 완산구 공북 1길 16(태평동 251-30)
전화 (063) 275-4000 · 0484 · 6374
팩스 (063) 274-3131
이메일 shina2347@naver.com sina321@hanmail.net
출판등록 제465-1984-000004호
인쇄 · 제본 신아출판사

저자와 협의, 인지는 생략합니다.
잘못된 책은 바꿔 드립니다.

ISBN 979-11-5605-167-1 03810
값 13,000원

이 도서의 국립중앙도서관 출판시도서목록(CIP)은 서지정보유통지원시스템 홈페이지(http://seoji.nl.go.kr)와 국가자료공동목록시스템(http://www.nl.go.kr/kolisnet)에서 이용하실 수 있습니다.(CIP제어번호: 2014038150)

Printed in KOREA